Vida de Bellini

Vida de Bellini

JOHN ROSSELLI

*

Traducción de
Albert Estany de la Torre

Música
Serie dirigida por
Roger Alier

CAMBRIDGE
UNIVERSITY PRESS

Publicado por The Press Syndicate of the University of Cambridge
The Pitt Building, Trumpington Street, Cambridge, United Kingdom

Cambridge University Press
The Edinburgh Building, Cambridge CB2 2RU, UK
http://www.cup.cam.ac.uk
40 West 20th Street, New York, NY 10011-4211, USA
http://www.cup.org
10 Stamford Road, Oakleigh, Melbourne 3166, Australia
Ruiz de Alarcón, 13, 28014 Madrid, España
Título original *The Life of Bellini*
ISBN 0 521 46227 4
publicado por Cambridge University Press 1996
© Cambridge University Press 1996

Edición española como *Vida de Bellini*
Primera edición, 1999
© Cambridge University Press, Madrid, 1999
© Traducción española, Albert Estany de la Torre, 1999
ISBN 84 8323 086 0 rústica

Producción: Fotomecánica y fotocomposición ANORMI, S.L.
Compuesto en Garamond 10,5 pt, en QuarkXPress™
Impreso en España por Lavel, S. A. 28970 Humanes (Madrid)
Depósito legal: M-1008-2000

Índice

Prefacio... 9

Introducción: Redescubrir a Bellini 11

Un joven meridional............................... 29

Al asalto de La Scala 51

El campeón................................. 77

En la cima de su poder 95

Pasos en falso 117

París y la muerte............................ 135

Apéndice:
Una historia detectivesca: el rentista, la mujer
mantenida y el joven que paseaba por la ciudad ... 167

Lista de abreviaturas 176

Bibliografía y Discografía 177

Índice....................................... 181

Prefacio

ESTE libro se propone ofrecer una breve biografía crítica de Bellini, visto en su contexto histórico. Buena parte del libro se basa en un reciente examen de fuentes publicadas. La cuestión a la que he dedicado una buena parte de investigación archivística nueva es la identidad de tres personas con las que Bellini tuvo tratos en París; a fin de no obstaculizar la narración, se trata este tema en el Apéndice. También me he basado en mis investigaciones anteriores sobre la industria operística italiana y sobre la profesión del canto.

Un libro semejante no requeriría normalmente muchas notas, acaso ninguna, aparte del Apéndice, donde hay nuevo material, potencialmente controvertible, que requiere referencias precisas. Como se explica en la Introducción, sin embargo, las informaciones publicadas sobre la carrera de Bellini son defectuosas, y algunas son falsas. Este es el primer libro que se enfrenta radicalmente con ellas —aunque simplemente aplicando los métodos normales de crítica histórica. Allí donde niego o pongo en duda la validez de documentos supuestos me veo obligado a dar pruebas y razones. Esto ha supuesto la redacción de notas (a veces largas) que los lectores pueden leer o no, como prefieran.

Las citas de las cartas de Bellini van generalmente seguidas de la fecha o las fechas de la(s) carta(s) entre paréntesis. Esto permite seguir las fuentes en las colecciones que se detallan en las indicaciones bibliográficas; casi todas están en el *Epistolario* de Bellini, ed. L. Cambi, Milán, 1943.

He recibido una considerable y amable ayuda tanto en información como en documentación por parte de Lorenzo Bianconi, Peter Day, Salvatore Enrico Failla, Simon Maguire, Pierluigi Petrobelli y Alessandro Roccatagliati. Se lo agradezco a todos ellos, así como a los bibliotecarios de la Bibliothèque de l'Opéra, de París, y de la Library of Performing Arts de Nueva York.

Introducción:
Redescubrir a Bellini

A BELLINI se le sigue redescubriendo. Durante más de cien años ha parecido que se eclipsaba a intervalos. Entonces sucede algo: Rosa Ponselle o Maria Callas cantan *Norma*, *La sonnambula* o *I puritani* —obras, cada una de ellas, que podríamos considerar la quintaesencia de los primeros tiempos del victorianismo—, y estas óperas reaparecen frescas en una nueva puesta en escena: cuando el gusto se aparta de lo pomposo y se acerca a lo lineal, Bellini vuelve a la vida como un artista único.

Uno de estos redescubrimientos tuvo lugar en los años 20; otro, en los 50. Probablemente ahora le toca ya otro, aunque la discografía moderna sigue manteniendo las tres óperas citadas en el oído del público como obras tan esenciales del repertorio, a pesar de que, muerta la Callas y con otros virtuosos retirados, se ponen en escena pocas veces. Los discos también nos vuelven a presentar obras olvidadas de hace tiempo: *Il pirata*, *La straniera*, la ópera no-shakespeariana sobre Romeo y Julieta: *I Capuleti e i Montecchi*, e incluso *Zaira*, el fracaso que Bellini recicló en parte como *Capuleti*. El público italiano nunca ha abandonado a Bellini, ni siquiera cuando —entre 1890 y 1920— la *intelligentsia* lo había dejado caer; hoy en día puede verse su retrato en los billetes de 5.000 liras. Los amantes de la música entendidos en otros países deberían admitir que se trata de un compositor eminentemente individual, que figura entre los grandes a pesar de que su producción fuera pequeña y su efecto limitado al campo de la ópera.

Bellini es un compositor de primera categoría, igual como lo es Andrew Marvell en el campo de la poesía. Nadie en sus cabales puede calificar de poeta menor al autor de *The Garden, To his Coy Mistress* y la "oda horaciana": su lenguaje es original; su enfoque es magistral; sus frases, una tras otra, han arraigado en las mentes de los entendidos en litera-

La fama se mantiene: cabeza de Bellini en los billetes italianos de 5.000 liras, todavía en circulación en 1999.

tura. Marvell escribió poco, porque era un parlamentario muy ocupado y muy meticuloso. Bellini escribió poco porque murió a los treinta y tres años; después de salir del conservatorio escribió óperas porque la ópera era entonces el género más asequible a un italiano joven y ambicioso; para su época él también era muy meticuloso, puesto que componía una ópera al año, por término medio, en una época en que otros escribían tres o cuatro. "Con mi estilo", escribió, "tengo que escupir sangre [para componer]" (14 de junio de 1828). La gente, en su tiempo, lo comparaba con su contemporáneo Chopin, otro compositor elegíaco único en su género. Este parecido puede todavía parecer raro a veces, aunque la influencia fue solo marginal (de Bellini sobre el más joven Chopin, más que al contrario) y la etiqueta de "elegíaco" siempre fue una exageración: Bellini, como Chopin, también podía tener fuerza. Se ha calificado a menudo su obra de irregular. Es cierto: la misma *Norma*, su obra maestra, tiene sus lapsus; solo *La sonnambula* mantiene siempre la misma calidad —en un ambiente (el del idilio) que hoy no está de moda. "El privilegio del poeta", escribió Bernard Shaw, "es que se ponga a prueba su cadena por la anilla más fuerte". El privilegio del músico, también: las anillas más fuertes de Bellini son poderosas.

Para el biógrafo, plantea un problema. Murió joven, en la cúspide de su éxito y del movimiento romántico; no solo era hermoso, sino que era rubio y de ojos azules —un siciliano rubio y de ojos azules, nada menos.

Por todas estas razones, se convirtió de inmediato en un mito. La vaga leyenda sin base que entonces se difundió ("un suspiro con zapatillas de baile", lo llamó Heine) se arrastró durante el resto del siglo e incluso más allá.

El mito no solo prendió en el público en general, sino también en el amigo íntimo de Bellini, Francesco Florimo, quien cuidó su memoria y mucho más tarde (1882) publicó una de sus primeras biografías. En las cartas que le enviaba Bellini dos veces por semana, el compositor le había hecho partícipe de sus preocupaciones profesionales, sus pensamientos y sentimentos más íntimos, casi toda su intimidad consciente. El modo como Florimo trató esas cartas a través de cinco décadas de vivir con el mito nos complica su comprensión de mala manera. Otros amigos y algunos que más tarde publicaron cosas sobre él, también tomaron parte en el proceso de enfangar las pruebas. Un biógrafo de Bellini tiene que ser un detective.

Las circunstancias de la muerte de Bellini tuvieron mucho que ver con el lanzamiento del mito. Murió el 23 de septiembre de 1835 en la casa alquilada de un amigo, en el pueblo suburbano de Puteaux, a las afueras de París. Su enfermedad, una disentería recurrente, causada por una infección por amebas, no había sido diagnosticada adecuadamente, y de algún modo resultaba incurable para la medicina de su época. Había caído enfermo a finales del verano, cuando muchos de sus conocidos estaban fuera del centro de París, como él mismo. Habían pasado menos de ocho meses desde su gran éxito parisiense con *I puritani*, y hacía solo unas pocas semanas que se le había visto en sociedad, aparentemente sano. Por todas estas razones, la noticia de su muerte causó un fuerte impacto.

Las necrológicas de los periódicos franceses no alabaron de modo unánime su música; pero incluso sus críticas giraban en torno al estereotipo del compositor "elegíaco y tierno", autor de "frases lentas y lánguidas". Berlioz, con muchas reservas, elogió su "profunda sensibilidad", su "gracia melancólica" y su "ingenua simplicidad" como compositor, su "temperamento equilibrado" y su "trato agradable" como hombre. Varios artículos y diarios lo llamaron "niño" por su buen corazón y por sus entusiasmos; algunos rebajaban su edad. Al mismo tiempo, exageraban sus éxitos en la buena sociedad de París (Bellini había sido efectivamente recibido en los salones, pero por razones que veremos más tarde, los había encontrado decepcionantes y se había retirado por dos veces a la calma de Puteaux). Lo peor que se podía decir de él es que se había excedido en la búsqueda del placer.

En 1863, el mito estaba encasillado en las reminiscencias del editor Léon Escudier: el joven siciliano "rubio como los campos de trigo, dulce como los ángeles, joven como la aurora, melancólico como una puesta de sol. Tenía en su alma algo que compartía con Pergolesi y con Mozart", etcétera. En la era romántica fueron muchos los artistas que murieron jóvenes (Chatterton, Keats, Shelley y Byron, por citar sólo poetas ingleses). Alimentaban la noción del genio destinado a la muerte; en música ese destino podía leerse en las vidas de Pergolesi y de Mozart —ambos objeto de un mito considerable— y ahora también en la de Bellini.

En Nápoles, donde Bellini había estudiado, en la noche de su misa de Réquiem las damas asistieron a una representación de *Norma* vestidas de luto. En su Catania natal, hubo una floración de leyendas sobre su preciosa infancia y sus supuestos amoríos juveniles; el primer biógrafo digno de este nombre recogió en 1855 historias sobre un Bellini de dieciocho meses que cantaba "con gracia" y transportaba un aria. En Florencia, un coleccionista de autógrafos de músicos ya había recortado, en 1849, una carta de Bellini en pedacitos y los había vendido como reliquias. Pero el detonante de la mitificación más extravagante fue la exhumación del cadáver de Bellini del cementerio Père Lachaise de París para trasladarlo a la catedral de Catania.

Esto ocurrió en 1876. Mientras el ataúd seguía su camino hacia el sur de la península italiana, era recibido en cada estación por bandas, discursos y coronas de laurel. En Catania hubo varios días de procesiones, misas, iluminaciones, reuniones públicas y conciertos que precedieron a la reexhumación; de los muchos discursos pronunciados hubo uno, de un científico, que exigió que la próxima estrella que fuera descubierta recibiera el nombre de Bellini. Varios expertos, entre tanto, reembalsamaban el cuerpo momificado que yacía en una capilla lateral de la catedral. Una soprano americana, Mary Louise Swift, que había sido contratada para cantar una cantata en memoria del compositor, consiguió con sus ruegos entrar en la capilla y suplicó que le dejaran besar a Bellini. Mientras lo hacía, le arrancó dos pelos del pecho. No fue la única. A través de los buenos oficios de los embalsamadores, varias personas lograron apoderarse de pelos, algunos de la cabeza, y otros también del pecho; un cabello se convirtió en una cuerda de una lira bordada por otra mujer admiradora, mientras otros acabaron en una caja forrada de terciopelo rojo, al lado de un fragmento del ataúd original, de "sustancias orgánicas residuales" y uno de los trepanadores usados en el trabajo de reembalsamamiento.

En este ambiente, no puede sorprendernos que el gran amigo de Bellini, Francesco Florimo, tuviera poco en cuenta los métodos científicos al analizar las numerosas cartas que el compositor le había enviado. Cuando Bellini partió hacia Milán (1827) y más tarde hacia París (1833), Florimo se quedó en Nápoles, vinculado como bibliotecario al conserva-

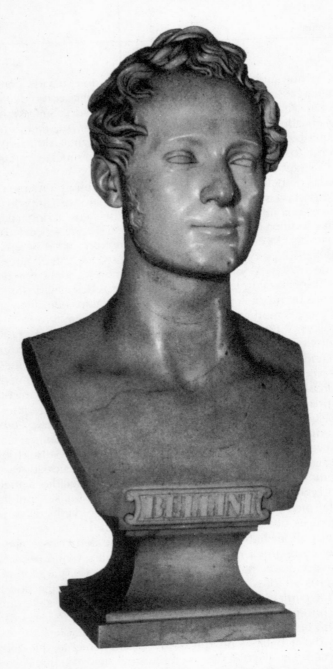

Busto de mármol realizado por Dantan Jeune (Devonshire Collection, Chatsworth).

torio en el que ambos habían estudiado. Dedicó su vida entera —una vida muy larga— a propagar el culto tanto de Bellini como de la tradición musical napolitana que su amigo había adornado. Sus publicaciones, de 1869 en adelante, culminaron en su libro *Bellini, memorie e lettere* (1882), una biografía seguida de más de 200 páginas de cartas. Florimo murió seis años más tarde, dejando un legado de muchas cartas autógrafas a la biblioteca del conservatorio.

Las cartas de Bellini a Florimo son todavía hoy nuestra fuente mayor por lo que respecta a su vida, sus métodos de trabajo y su personalidad. Sin embargo, es una información sesgada. Las cartas cuyos originales pueden consultarse son una fuente extraordinariamente sincera y detallada —pocos artistas han dejado escritos todos sus cambiantes estados de ánimo como lo hizo Bellini—, pero cubren solo los períodos que van de enero de 1828 a marzo de 1829, y de julio de 1834 a septiembre de 1835, con unas cuantas cartas dispersas en medio. Hay cartas a otros destinatarios que en cierto modo nos permiten llenar un poco el hueco de más de cinco años, pero no están escritas ni mucho menos con un espíritu tan libre.

¿Qué ocurrió? Florimo quemó muchas cartas, claramente porque eran de los años en que Bellini estaba teniendo una relación con una mujer casada, Giuditta Turina; la relación terminó en 1834, justo después de haber provocado su separación de su marido, y un conocimiento pleno de las circunstancias en que ocurrió todo podía haber mostrado un aspecto poco lisonjero del compositor. Sin embargo, Florimo fue aún más lejos. Como él mismo explica, regaló algunas cartas a admiradores que le pedían un recuerdo, y no guardó copias de las mismas; como había un verdadero negocio en las cartas, y al menos una de las que Bellini le había dirigido apareció en manos de un vendedor de autógrafos, podemos preguntarnos si alguna vez no se decidió a mejorar sus ingresos como bibliotecario vendiendo algunas. En sus publicaciones también falsificó un cierto número de cartas, o de partes de cartas.

"Falsificó" es una palabra muy fuerte. Quienes han escrito acerca de Bellini hasta ahora han evitado usarla; aunque son conscientes de que esas cartas no están escritas en el estilo de Bellini y que por otras razones resultan dudosas, han llegado a la conclusión de que Florimo (como algunos otros editores de cartas dudosas de Bellini) tenía que haberlas redactado a partir de originales ahora perdidos, o de algo que Bellini habría dicho en una conversación. Algunos pasajes de estas cartas han ocupado un lugar crucial a la hora de las interpretaciones.

Al usar dicha palabra no quiero decir simplemente que Florimo se comportó como la mayoría de los editores del siglo XIX, que corregían las cartas por razones de gramática y de estilo, o las resumían tácitamente, e incluso en ocasiones reunían dos cartas en una o convertían una carta única en dos. Florimo hizo todas estas cosas, pero fue aún más allá: inventó material nuevo que cambiaba sustancialmente el modo de ver los sentimientos de Bellini vistos a través de sus cartas. También recordaba conversaciones, algunas de las cuales no podían haber tenido lugar.

De todas las cartas dudosas publicadas, solo hay dos que tengan un original autógrafo que nos sea plenamente conocido. Uno de esos autógrafos lo podemos leer completo, junto con la carta tal como la publicó Florimo[1].

[7 de junio 1835]

Queridísimo Florimo:

La prematura muerte de la pobre Maddalena me ha roto el corazón, y es más fácil comprender que describir la sensación de hundimiento que produjo en mi espíritu: al leer tu carta lloré amargamente ante su pérdida. ¡Cuánto del pasado volvió a mi mente!, ¡cuántos recuerdos! ¡Qué transitorio es todo en este mundo de espectáculos engañosos! Que Dios acoja su alma en su eterna gloria; la tierra no merecía poseerla: me gustan muchísimo los dos poemas que tú habías escrito expresamente para esta dolorosa circunstancia y adornada con la más triste música, y de las lágrimas que solté intentando cantarlos entre sollozos, veo demasiado bien que mi herido corazón todavía es capaz, si no de amar, al menos ciertamente de sufrir... ¡¡Basta!! No quiero entristecerte aún más: consigue que el autor de *Le Due Speranze* escriba un poema para mí, de acuerdo con las raras virtudes de Maddalena y su tierno afecto, y entonces la pondré en música, con lo que obedeceré con agrado a la persona que quiere tener una canción mía dedicada a ella. Preocúpate de que sea una respuesta a *Le Due Speranze*, porque así seguro que será tierna; y arréglalo todo para que yo pueda dirigirme a su hermoso espíritu. Adiós, mi querido Florimo; la pluma se me cae de la mano y las lágrimas me impiden continuar. Devuelve el afecto de

BELLINI.

Escribí esta carta ayer, atónito como estaba, y la olvidé sobre mi pupitre; ahora iré yo mismo a mandarla por correo, y añadiré como postdata

---

[1] Florimo, *B*, págs. 107–108.

que la noticia fatal de la muerte de Maddalena cayó como un relámpago del cielo (que parece estar enfadado conmigo), ha cubierto mi corazón de un velo negro, hinchado de lágrimas, y ¡¡me ha entristecido tremendamente!!

Durante algunos días una idea fúnebre me ha seguido a todas partes e incluso me da miedo contártela... ¡¡Bueno!!, aquí está, no te asustes. Me parece, y te lo digo con un escalofrío, que dentro de poco tendré que seguir a la tumba a la pobre muchacha que ya no existe, y a la que tanto amé tiempo atrás. ¡Ojalá se disipe este infeliz portento! No me digas que esos temores son infantiles: así soy yo. ¿Qué quieres?... apénate por mí, o lleva luto por mí como mejor te convenga, mi querido Florimo. ¡Adiós!

Lo que sigue es el texto auténtico de la carta tal como la publicó *E* (págs. 560–562). Los corchetes indican pasajes dañados del original o palabras ilegibles. Florimo publicó como carta separada, fechada el 5 de junio, una versión del primer párrafo y de la segunda mitad del cuarto párrafo.

7 de junio de 1835

Mi duelo es completamente un invento, querido Florimo. Yo veo a unas cuantas mujeres, pero los maridos están contra los duelos por principio —yo, como tú sabes, evito a la gente de mala reputación; así que nunca me expongo; no me gusta hacer el papel de Don Juan o de Don Quijote, y por lo tanto confío en morir en mi cama como el hombre más amante de la paz; o sea que cuando te vuelvan a llegar tales noticias, ponlas en cuarentena antes de darles crédito.

En mi última incluí mi factura para Zingarelli; haz que te pague en seguida, pues yo ya he pagado. Aquí hay [ ] para la duquesa de Noja —Rossini, 5 francos; Carafa, 5 francos; Lablache, 10 francos; Rubini, 15 francos; [ ] 5 francos; carruaje a Marsella, 15 francos: en total, 45 francos. Aquí está tu cuenta. El método de Hummel, 80 francos; los Estudios de Cramer, 10 y 20 parte, 42 francos; las oberturas de Weber de Euryanthe y Oberon, 20 francos; en total, 142: con el 60% de descuento, total neto 56,80. La caricatura de Rossini es un regalo mío; la de Ferri, que Pacini puso en la caja, pienso que es para Donizetti, de modo que házselo llegar. De una vez por todas déjame decirte que yo te hago los encargos mejor que nadie, y que si no quieres malgastar tu dinero deberías usarme siempre, pero si por otra parte quieres actuar como calabrés haz lo que quieras, que yo no me meteré — Los modelos de yeso para [la duquesa de] Noja salieron de París hace ya más de un mes; si no han llegado todavía a Nápoles, ¿qué quieres que haga yo sobre esto?

La noticia de la muerte de la pobre Maddalenina me afectó en exceso y fíjate qué extraño: [ ] me detuve un momento [ ] amo [ ] Giuditta, o mejor dicho, cuando me obligué a mi mismo a olvidarla, no lloré [ ] ni una sola lágrima vino a mis ojos; la conducta de Giuditta había hecho que mi corazón dejase de ceder; pero cuando recibí esta triste noticia, cuando leí los poemas que tú habías puesto en música, lloré amargamente y vi que mi corazón todavía era capaz de sentir dolor; basta, no hablemos más de ello. Consigue que el autor del poema *Due Speranze* escriba otro para mí, de acuerdo con las virtudes y el tierno afecto de Maddalena, y yo lo pondré en música; de ese modo obedeceré con placer a la persona que desea que yo escriba una canción dedicada a su memoria; preocúpate de que sea una respuesta a *Due Speranze;* porque así seguro que será tierno, ¡¡y me permitirá hablarle a su hermoso espíritu!!

Le di tus romanzas a Pacini para que las imprimiera; él me [ ] algunas copias para nuestros amigos de París. Como aquí tú no eres conocido por tus primeras composiciones, no podrás [ ] ganar nada incluso aunque Pacini tuviera la propiedad, pero él me dice que la ley aquí le da la [ ] propiedad al editor si las publica el mismo día que sean publicadas por otra persona en el extranjero; en una palabra, ya veo que al imprimirlas nos está haciendo a ti y a mí un favor, porque las romanzas italianas de un compositor desconocido no se venden; si se cantan en sociedad y llaman la atención de la gente por su efecto de acuerdo con los gustos de París, los editores te pedirán más y te las pagarán —. Cuando vengas a París tú mismo lo comprenderás, y verás que Cottrau estaba equivocado cuando te dijo que te podías ganar bien la vida. — Tu respuesta a la Società fue magnífica; esperaré que ellos me escriban directamente; te mandaré una copia de mi respuesta. — Dile a Cottrau que yo no puedo negociar con editores, a menos que sea para toda la propiedad, con el derecho de venderlo a cualquiera, y el precio de esto sería demasiado elevado para un editor ordinario —me gustaría que la Società me escribiese: tengo la intención de pedir 1.800 ducados por mi trabajo y por los gastos, por darle la copia adaptada para la Malibran y cobrarle de dos a tres mil francos por la copia [ ] que sin duda necesitaría para la compañía que ha contratado.

Adiós, querido Florimo.

[? Guardata] me ha dado dos cartas para sus amigos en Nápoles. De momento te mando una de ellas — la otra por otro correo, porque es de una página entera — ya veo que Don [? Costantino] quiere abrir correspondencia con sus amigos a través de mí: procura evitarlo, porque no quiero pagar dinero por cuenta de otros; bien está incluir pequeñas notas, ¡¡¡pero cartas!!!

Pastura, BSLS, págs. 619–520, señaló la discrepancia entre ambas cartas, pero no sacó conclusiones, como habría hecho un historiador, sobre la autenticidad de Florimo en conjunto.

La comparación entre ambos textos nos es muy útil para conocer sus métodos.

Como estudiante en Nápoles, Bellini estuvo por un tiempo enamorado de Maddalena Fumaroli, la hija de un juez, y ella, durante mucho más tiempo, lo estuvo de él. La historia la conocemos casi totalmente por la narración de Florimo; gracias a su descripción surgieron muchos relatos imaginarios de otras personas, como una obra de teatro de 1878 que nos mostraba a Giuditta Turina como una mala persona, y a Bellini junto al lecho de muerte de Maddalena. En realidad, Bellini perdió todo interés por Maddalena tan pronto como se fue hacia Milán, si no antes; le molestaban sus cartas. Ella murió en junio de 1834; en la carta autógrafa de Bellini de un año más tarde, no queda claro si acababa de enterarse entonces de su muerte, o si estaba recordando sus sentimientos en respuesta a una pregunta de Florimo.

En el autógrafo, Maddalena ocupa quince líneas a medio camino de una carta de setenta y cuatro. Es uno de los temas, en medio de otros: el rumor acerca de un duelo, encargos y cuentas, tratos con editores y con la dirección de la Ópera de Nápoles, y un conocido inoportuno. La carta tiene dos puntos en común con la versión publicada por Florimo:

1. Bellini "lloró amargamente" ante la noticia, y se dio cuenta de que su corazón todavía era "capaz de sentir dolor" (aunque una parte de la cuestión —que Florimo no menciona en su versión— era contrastar esto con su conducta cuando se separó de Giuditta Turina);
2. pidió un poema para ponerlo en música en memoria de la muchacha (que alguien solicitaba en Nápoles) y que mostraría a Bellini dirigiéndose al "hermoso espíritu" de Maddalena.

En la versión publicada por Florimo —totalmente dedicada a Maddalena—, sin embargo se hacía declarar a Bellini que

1. la noticia le había "roto el corazón", le había producido una "sensación de abandono" en su espíritu, le había traído recuerdos, promesas y esperanzas, y le había hecho presente la transitoriedad de "este mundo de vanos espectáculos";
2. había tratado de cantar la canción de Florimo en memoria de la muchacha "entre sollozos" y su corazón estaba "herido";

3. su pluma, mientras escribía, se le caía de la mano y las lágrimas le impedían continuar;

4. la muerte de Maddalena había sido un "trueno" que había aparecido para indicar la ira divina, y que le había hecho prever su propia muerte.

Esta última parte, una postdata sustancial que ocupa dos tercios de la longitud de la carta, carece de todo fundamento en el autógrafo de Bellini, pero aparecía patente en una carta supuestamente escrita tres meses y medio antes de su muerte.

¿Qué podemos concluir de todo esto? El primer tercio de la carta a Florimo es un invento, la última frase y la postdata son inventados, y el resto, aunque basado en el autógrafo, ha sido adaptado para hacer más profundo el sentimiento y purgarlo de toda mención de la relación física de Bellini con la Turina. De acuerdo con las reglas de la crítica histórica corriente, el conjunto es una falsificación, no simplemente porque Florimo había insertado tanto material nuevo, sino porque ha aislado e inflado el tópico del (genuino) dolor de Bellini ante la muerte de la muchacha, para darle una importancia que la carta original no transmite.

Ese era un caso especial. El otro ejemplo plenamente documentado nos muestra el método cotidiano de Florimo. Bellini, el 11 de febrero de 1834, respondió a una solicitud de la dirección del Teatro San Carlo, de Nápoles, para componer una nueva ópera. Su carta autógrafa es sobria y de tono comercial. La versión de Florimo (de la que existe un borrador, además del texto publicado) no cambia el significado básico de la carta, pero intenta hacerla más estilística y patriótica. La referencia de Bellini a "los medios" que la Naturaleza le había dado se convierte en "esos pocos medios"; las "personas para las que tengo que escribir" se convierte en "las personas a las que tengo que confiar mis notas [musicales]"; los fracasos operísticos se describen, además, como "una enfermedad que ahora se ha convertido en una epidemia". Bellini aparece aquí expresando su satisfacción al poder escribir "para el país que me vio nacer y que me enseñó mi difícil arte" y, más abajo, refiriéndose a la suerte de poder "hallar la gloria en la tierra de mi amada patria". La carta en sí no es una falsificación completa, pero se halla distorsionada: la nueva versión sugiere un fatuo deseo de impresionar que no aparece por ningún lado en el original[2].

---

[2] *E* (págs. 385–387) publica —sin comentarios— dos textos, uno originalmente publicado en la biografía de Antonino Amore (Catania, 1894) y contrastada con el autógrafo en el MB, la otra originalmente publicada por Florimo en 1882 como copia enviada a él por Bellini, y que

Otras varias cartas o fragmentos de cartas publicadas por Florimo son dudosas. Un original de estos fue vendido en Sotheby's en 1990. En esta carta (del 7 de octubre de 1834), Bellini exigía a su libretista Felice Romani, con quien se había reconciliado después de una ruptura, que escribiese "solo para mí"; aunque el catálogo de Sotheby's menciona solo unos extractos, ahora sabemos que Florimo convirtió esta frase en "solo para mí, para mí solo, para tu Bellini" —una frase que todos los biógrafos reproducen. Allí donde el original era amistoso pero sobrio, se añadían frases enteras en las que se adulaba en exceso a Romani: "Nunca podré olvidar tu ayuda y la gloria que te debo"; "ahora que estamos reconciliados, oh mi gran Romani, mi eminente colaborador y protector, me siento en paz y estoy satisfecho"; "no puedo esperar el momento de abrazarte". También aquí el tono y la actitud de Bellini han sido falsificados.

Otra carta dudosa nos presenta a Bellini asistiendo al estreno londinense de *La sonnambula* con la gran Maria Malibran: él gritó "brava!", fue reconocido, aclamado, y llevado a rastras al escenario para saludar; Malibran lo rodea con sus brazos, cantando la frase que él había aplaudido ("Ah abbraciami!"). El texto está lleno de lenguaje periodístico ("los rubios hijos de Albion"), muy al contrario del estilo llano, a veces incluso patoso, de las cartas de Bellini. Si buscamos las críticas del *Morning Chronicle* y del *Morning Herald* de Londres, encontraremos que difieren por lo que respecta al éxito de la representación —la menos favorable nos informa de que "no se repitió ningún pasaje de la música", lo cual es un hecho concreto—, pero ninguna de las dos menciona la presencia de Bellini. Ni tampoco Bellini, en una carta auténtica a otro amigo, dio cuen-

---

Cambi afirma que se contrastó con el autógrafo en el Conservatorio San Pietro a Majella de Nápoles. La primera es, sin duda, la original. La "copia" de Nápoles difiere considerablemente de ella; también difiere en algunos detalles de la versión publicada por Florimo, que, por ejemplo, añade una "S. Carlo" para identificar el "G. Teatro" mencionado en ella, y se hace un lío completo haciendo que Bellini diga de la ópera que está escribiendo para París tiene que ponerse en escena el 30 de mayo de 1835 (cuando, de acuerdo tanto con el original como con la "copia", lo que escribió es que podía proporcionar una ópera para Nápoles para aquella fecha). Que la "copia autógrafa" de Nápoles es de hecho la versión en borrador de Florimo (y cuando la publicó, la retocó todavía un poco más, y en un lugar se equivocó con la transcripción), es más que probable; ¿para qué le habría mandado Bellini a Florimo, que le estaba ayudando en sus negociaciones con la dirección teatral de Nápoles, una versión mucho más decorativa de la carta que ese mismo día le enviaba a la misma dirección del teatro? ¿Por qué le escribió dos líneas a Florimo para incluirle una copia, cuando su costumbre era la de mandar copias con una carta entera? Por desgracia, actualmente no se puede acceder al material de Nápoles para contrastarlo. La acción de Cambi podría explicarse de varias maneras (especulativas), posiblemente porque pudo equivocarse al tomar como escrita por Bellini su propia transcripción de un documento de puño y letra de Florimo. En todo caso, es curioso que ella no se planteara las discrepancias entre el original y la "copia".

ta de ninguno de los supuestos incidentes. La versión embellecida de Florimo parece dirigida a confirmar la historia de que Bellini se había enamorado de la Malibran —una historia popular desde la muerte de ambos artistas, a menos de un año de distancia el uno del otro, pero muy improbable por otros motivos; otro "fragmento de carta" publicado por Florimo bromea acerca de un posible duelo entre Bellini y el amante de la Malibran (más tarde su esposo), pero se conserva una carta auténtica de Bellini a la Malibran en la que el compositor escribe en términos de mutuo respeto, añadiendo como mucho algún "cariño" de carácter teatral.

Otra célebre carta, sobre el fracaso inicial de *Norma* ("fiasco!!!, fiasco!!!, un fiasco absoluto!!!"), ha sido acusada de no ser del estilo de Bellini, contradicha por cartas auténticas, y como mínimo "adornada". Florimo declaró que había dado el original a Sir William Temple, embajador inglés en Nápoles (hermano de Lord Palmerston), conservando, esta vez, una copia para sí mismo. En su edición básica de las cartas, Luisa Cambi argumentaba que Florimo no podía haberse inventado la carta del principio al fin por temor a ser contradicho por personas tan importantes como Temple o Palmerston. Pero ella no sabía que en 1868, cuando Florimo sacó la carta por primera vez, ambos habían muerto y sus familias se habían extinguido.

Finalmente, las relaciones de Bellini con su casi contemporáneo Donizetti motivaron unos esfuerzos continuados de Florimo para demostrar lo que ahora sabemos que no es cierto: que ambos compositores habían vivido siempre en amistosa armonía y mutua admiración. Para ello se basaba en "conversaciones recordadas" y cartas o "fragmentos de cartas", ninguno de cuyos originales se conoce; tanto las memorias como las cartas provocan un cierto número de contradicciones internas.

Florimo (*B*, págs. 56 [nota], 128–136) llevó a cabo un intento constante de demostrar que Bellini y Donizetti siguieron carreras paralelas y habían compartido una "amistad que se mantuvo firme e inalterada, hasta la muerte de Bellini". Él relacionó los siguientes episodios, basados en citas de lo que Bellini y Donizetti supuestamente habían dicho en aquella época (Bellini a Florimo, Donizetti a su amigo de Nápoles Teodoro Ghezzi), y por cartas o extractos de cartas, de ninguna de las cuales se conoce el autógrafo:

a. Bellini y Florimo, a instancias del maestrino Carlo Conti, fueron a ver *La zingara* de Donizetti en mayo de 1822; Bellini estaba tan entusiasmado que adquirió una copia de la partitura y la estudió y la tocaba "cada día, de modo que nunca dejó de estar en el atril de su clavicémbalo". Hizo que le presentaran a Donizetti y volvió diciendo: "Además del gran talento de este lombardo, es también un hombre muy hermoso, y su aspecto, noble, benigno y al mismo tiempo imponente, inspira simpatía y respeto." ("Estas", añade Florimo, "fueron sus palabras exactas, que yo todavía recuerdo"; las palabras suenan tan artificiales en italiano como traducidas.)

b. La noche del estreno de *Adelson e Salvini*, en 1825, Donizetti se precipitó al escenario para felicitar a Bellini, que se conmovió hasta las lágrimas sin poder hablar, y trató de besarle la mano; Donizetti le predijo un gran futuro.

c. En 1826, cuando Donizetti estaba escribiendo *Otto mesi in due ore* para el Teatro Nuovo y Bellini *Bianca e Gernando* para el San Carlo, Bellini le dijo a Florimo: "Estoy realmente asustado, querido Florimo, de escribir una ópera en una ciudad donde está escribiendo Donizetti: yo tan poco experto en la composición teatral, y él a quien toda Italia saluda merecidamente como un maestro sobresaliente." Curiosamente, fue Donizetti, en una carta auténtica, el que expresó su ansiedad acerca del éxito de su ópera, que aparecería después de la de Bellini: W. Ashbrook, *The Operas of Donizetti*, Cambridge, 1982, pág. 38. (La ópera, digamos de paso, no era *Otto mesi* —que no se dio hasta 1827—, sino *Don Gregorio,* como se rebautizó a *L'ajo nell'imbarazzo* en Nápoles.)

d. Sus éxitos en Nápoles les abrieron las puertas de La Scala a ambos, lo que selló de este modo su amistad.

e. Les fueron encargadas sendas óperas a Bellini y Donizetti, el primero para la apertura del Teatro Carlo Felice de Génova, en 1828, y luego para la temporada 1830–1831 en el Teatro Carcano de Milán; "estimulándose el uno al otro, como sucede con las almas bien nacidas", ambos alcanzaron éxitos equivalentes. (La correspondencia auténtica de Bellini demuestra que desconfiaba de Donizetti y predijo el fracaso de su ópera de Génova; al llegar la temporada milanesa de 1830–1831, él veía a Donizetti —que había inaugurado primero con *Anna Bolena*— como un rival peligroso, y más aún porque admiraba esta obra, en contraste con una buena parte de la producción de Donizetti, que él desestimaba como mediocre: Ashbrook, *Operas of Donizetti*, págs. 49–50, *E*, págs. 536–537.)

f. Donizetti, cuando alguien en Nápoles denigraba la orquestación de *La sonnambula* porque sonaba como "una guitarra francesa", lo contradijo indignado y alabó la obra. (La acusación de "guitarra" era típica de épocas posteriores, y no de los comentarios de principios del siglo xix).

g. Después del estreno absoluto de *Norma* en La Scala, Donizetti escribió a Ghezzi desde Milán diciendo que el público la había juzgado mal y que cambiarían de opinión. "Yo estaría encantado de haberla compuesto y con mucho gusto firmaría con mi nombre esa música." (Donizetti no pudo estar en Milán, porque estaba ensayando una nueva ópera suya en Nápoles: Ashbrook, *Operas of Donizetti*, páginas 69–70; H. Weinstock, *Vincenzo Bellini*, Nueva York, 1971, páginas 399–402).

h. Bellini, estando en Nápoles en 1832, cuando le dijeron que Donizetti había hablado mal de su música, replicó que esto era "imposible, humanamente imposible"; cuando Florimo sugirió que sólo era "improbable", Bellini preguntó "con esa ingenuidad que era el verdadero retrato de su hermoso espíritu" cómo podía Florimo "sospechar que Donizetti, mi amigo, a quien tanto quiero y estimo, pudiera hablar mal de mi música, cuando yo nunca he hablado mal de la suya". (Si Bellini hubiese dicho esto, habría sido mentira, y Florimo habría sabido por sus cartas anteriores que lo era.)

i. En sus óperas casi simultáneas, *Beatrice di Tenda* y *Parisina*, Bellini y Donizetti usaron el mismo tema. Cuando se encontraron, Donizetti suavemente sugirió que Bellini le había quitado un tema suyo; Bellini lo negó con la misma suavidad y dijo que ambos lo tuvieron que haber sacado de otra fuente; Donizetti eventualmente le escribió una carta de dos líneas a Bellini diciendo que había encontrado esa fuente en Weber. Florimo pretende haber relatado este episodio "exactamente tal como Bellini me lo escribió en una de sus cartas". (Como *Parisina* se estrenó en Florencia un día después del estreno de *Beatrice* en Venecia, Donizetti difícilmente pudo haber pensado que Bellini se lo había robado.)

j. Cuando Bellini y Donizetti escribieron los dos para el Théâtre-Italien en 1835, Donizetti escribió a Felice Romani: "No merezco el triunfo de *I puritani*", pero su *Marino Faliero* también fue un éxito. (Las cartas de Bellini en estas fechas nos demuestran sus celos y su desconfianza y su convicción de que *Marino* era un fracaso.) Esta "carta" apareció por primera vez en A. Pougin, *Bellini*, París, 1868, quien también publicó la "carta" del "fiasco!!!, fiasco!!!, fiasco!!!" de *Norma* que le había proporcionado Florimo.

k. Donizetti, preparándose para componer *Lucia di Lammermoor* para Nápoles después de la muerte de Bellini, se sintió atacado cuando un amigo dijo que era una pena que Bellini hubiese muerto, porque *Lucia* habría sido justo un tema ideal para él. Después de su triunfo, Donizetti encontró al amigo y le preguntó: "¿He sido injusto con mi amigo Bellini?... Por el contrario, he invocado su hermoso espíritu y él me ha inspirado para escribir *Lucia*." (*Lucia* se estrenó el 26 de septiembre de 1835; la noticia de la muerte de Bellini tres días antes no llegó a Nápoles hasta el 8 de octubre: BSLS, pág. 536.)

Muchas de esas "pruebas", si no todas —tenemos que admitir—, son falsificaciones. ¿Por qué hizo Florimo tal cosa? No tenemos que pensar en él como un falsificador consciente. La gente lo trataba como si fuera, en efecto, el viudo de Bellini. Él y sus amigos trataron las cartas de Bellini como reliquias valoradas y de las que hacer donación, como el hueso del dedo de un santo, no como documentación. Después de vivir treinta o cuarenta años —en Nápoles, un cuartel general de la fantasía— con el mito de un Bellini en parte ángel condenado, en parte amante irresistible, él también identificó a Bellini con Pergolesi, y creía recordar a su amigo diciendo que si era capaz de escribir melodías tiernas y apasionadas como Pergolesi, también estaría satisfecho de morir igualmente joven.

Al cabo del tiempo, Florimo pudo tener dificultades en distinguir la verdad de la ficción. De la práctica usual en el siglo XIX de publicar cortando y censurando los textos, pudo ir pasando insensiblemente a maquillar lo que Bellini *tuvo* que haber sentido: ¿quién sino él, Florimo, lo sabía? Una mitificación semiinconsciente podría explicarnos cómo pudo afirmar que Bellini siempre admiró y estuvo en excelentes relaciones con Donizetti, mientras guardaba en sus archivos (e incluso legó) cartas auténticas en las que Bellini expresaba su desconfianza y sus celos respecto del compositor rival.

No era Florimo el único que maquillaba la realidad. Dos sicilianos que habían conocido a Bellini publicaron supuestas cartas que sonaban a falso: en una se insolentaba con Rossini —en contra de la compleja relación que tuvo con su colega mayor que puede apreciarse en sus cartas auténticas—; en otra explicaba su supuesto método de trabajo, un método que resulta irreconciliable con los esbozos que nos han quedado y sus comentarios sobre los mismos. Todavía en una fecha tan tardía como 1932, una biografía publicaba nuevas supuestas cartas, la mayoría cartas de amor a varias mujeres o acerca de ellas, de ninguna de las cuales se ha podido hallar original alguno. Esto ya era demasiado: esas "cartas" han sido desestimadas por los biógrafos más respetables. Pero aun así, estos se han sentido inclinados a publicar las cartas dudosas anteriores y, a menudo, a justificarlas como sustancialmente correctas.

Este libro se aparta de la práctica anterior y sigue el método normal de un historiador. Si una carta debe ser razonablemente tenida por falsa, del todo o en parte, hay que prescindir de las afirmaciones falsas; si son muy conocidas o se han repetido mucho, se descartarán con una mención breve; si son simplemente sospechosas, se mencionarán con reservas.

Un peligro más sutil es la franqueza total de las cartas auténticas de Bellini a Florimo, y el carácter casi tan explícito de algunas de sus cartas a su familia de Catania. Esos documentos son, para empezar, fragmentarios. Incluso cuando hay suficientes para formar una secuencia, tenemos que hacernos a la idea de que la misma plenitud de lo que tenemos es infrecuente. El no hacerse cargo de esto es lo que llevó a Herbert Weinstock en su biografía de 1971 a encontrar a Bellini "muy poco atractivo en muchos aspectos" y a calificar sus cartas de "desequilibradas" a veces y "peligrosamente paranoicas".

La mayor parte de los adultos tienen una esposa, un marido o un compañero en quien hallan una válvula de escape para soltar vapor. No necesitan ir anotando sus dudas pasajeras ni sus resentimientos en cartas para que las desentierre un biógrafo. Entre los compositores italianos, Verdi podía ser duro en sus cartas con sus colegas del mundo de la ópera, pero muy probablemente dijo cosas mucho peores en conversaciones con su esposa. Si hubiésemos podido oír estas conversaciones, tal vez lo hubiéramos creído "peligrosamente paranoico". Bellini no tenía nadie con quien soltar vapor excepto con corresponsales lejanos; es por esto que lo anotó todo. Él mismo (como se lo dijo a Florimo el 4 de agosto de 1834) era consciente de que su lenguaje, cuando estaba enfadado, "no me honraría ante la gente que no fuera un amigo constante y afectivo desde hace más de quince años"; le pedía que no se lo dijera "¡¡¡a nadie!!!". ¿Qué ocurriría si nuestra mente consciente fuera divulgada de modo parecido?

También tenemos que ver a Bellini en el seno de su cultura. Sus biógrafos han sido casi todos gente habituada a vivir de la palabra —incluso aunque hayan sido musicólogos. La misma longitud y tortuosidad de muchas de las cartas de Bellini nos demuestran que no era un hombre de palabras. Su educación y sensibilidad eran en gran parte musicales. Incluso su don para poner palabras en música era una extensión de su capacidad musical.

Había crecido en una isla remota, donde la mayor parte de la gente hablaba siciliano en su vida cotidiana, y estudió en una ciudad donde casi todo el mundo hablaba napolitano. Después trabajó en el norte de Italia, donde la gente educada a menudo hablaba dialectos claramente distintos de los del sur —en Milán, mezclados con francés. Finalmente, vivió en París, donde luchó con el idioma. Cómo eran su siciliano o su napolitano hablados no lo sabemos. Su italiano escrito —en esta época un idioma literario y oficial, y una *lingua franca* para la gente educada— era incierto; como muchas personas con un dominio débil de la lengua, recogía pronto giros extraños a la lengua —galicismos—, aunque no acababa de dominar el idioma del que procedían. Todo esto requiere una cierta empatía e imaginación, además de capacidad de escrutinio crítico.

La labor de muchos artistas parece moverse en un plano distinto al de su vida diaria. En Bellini, la divergencia es, a primera vista, aguda. Trabajaba en un mundo de teatro, una profesión que la mayor parte de las veces es muy inestable, y en su tiempo especialmente apresurada y competitiva. A los que resultaban adecuados, les abría las puertas de la sociedad aristocrática, y a los dotados les ofrecía la posibilidad de enriquecerse, pero casi todos sus miembros tenían un nivel social dudoso de carácter bohemio y estaban sujetos a la ruda disciplina del mercado. La esposa de Verdi, que fue una cantante famosa en su juventud, llamaba a este mundo "una ciénaga pestilente". Eso también era un poco de mitificación.

Al estudiar la carrera de Bellini, tenemos que preguntarnos de qué modo nacieron la pureza especial de *La sonnambula* y *Norma*, no de una ciénaga, sino de un mundo activo de nuevas diversiones producidas muy rápidamente, afín en cierto modo al mundo actual del cine moderno o de la televisión. En este mundo, Bellini —un joven del sur que se estaba abriendo camino— se movió con habilidad, impuso sus propios términos, y venció a todos sus contemporáneos en la misma cima. Su íntima sensibilidad, que exteriormente nos resulta oculta, se halla en sus obras. Estos serán los hilos conductores de este libro.

Un joven meridional

CUANDO dio a luz a su primer hijo, la madre de Bellini oyó música celestial, y todas las campanas de Catania se pusieron milagrosamente a sonar todas a la vez. Así decía una de las leyendas populares en la ciudad durante mediados y fines del siglo XIX. En su ciudad natal, como en todas partes, fue la muerte juvenil de Bellini la que puso en marcha el mito. Los testimonios contemporáneos no dicen nada de especial acerca de su nacimiento, el 3 de noviembre de 1801, ni de su bautismo al día siguiente (momento en que, según la leyenda, Vincenzo se conmovió mucho al oír la música de su abuelo tocando el órgano), ni de sus progresos como bebé (capaz a los dieciocho meses, como afirmaba una crónica de un pariente cuyo nombre se ignora, de cantar un aria de ópera bufa "con gracia". Ni tampoco sus gestas a los tres años de edad (el mismo cronista asegura que marcaba el compás a una orquesta completa siguiendo la partitura con eficacia). Como muchos músicos, Vincenzo fue precoz, pero no de un modo tan llamativo como Mozart.

Catania, en el primer año del siglo XIX, era un lugar apto para milagros. El poderoso cono del Etna dominaba con su leve humareda por encima de la ciudad que había destruido en 1693. En cualquier momento podía producirse otra erupción; en 1818 tendría lugar un fuerte terremoto. Aunque su nombre se remontaba a una antigua colonia griega, el tejido urbano de Catania era más nuevo que el de Nueva York. Todavía estaba siendo reconstruida; los palacios barrocos y los conventos, con sus oscuros bloques de lava veteados con piedra blanca que formaba volutas y gárgolas, se levantaban sobre calles también de lava, que formaba la misma superficie irregular en que había quedado en 1693. Sólo cinco calles estaban pavimentadas; en ellas se alineaban tiendas y talleres; los cerdos gruñían entre la basura. Sin embargo, este era, para Sicilia, un lugar próspero.

Para los oídos actuales, el nombre de Sicilia evoca imágenes demasiado familiares. La Mafia, sin embargo, no existía en 1801; incluso cuando empezó a formarse (hacia la época de la muerte de Bellini), tardó muchos años en alcanzar la costa Este. Los sicilianos todavía no emigraban con frecuencia, salvo involuntariamente, cuando los piratas del norte de África los capturaban. La isla era especialmente remota por muchos motivos. Estaba en el extremo de Europa, cuyas líneas principales de comercio y cuyos centros manufactureros se habían apartado hacía tiempo del Mediterráneo y se habían desplazado hacia el noroeste. Aunque nominalmente era un reino independiente, hacía tiempo que tenía a su rey y a su gobierno central en otra parte. Después de cuatro siglos de dominación española, las guerras y los tratados, entre 1713 y 1734, la hicieron pasar rápida y sucesivamente a manos de otros tres soberanos: los del Piamonte, luego los de Austria y finalmente los de Nápoles —aunque seguía siendo un reino nominalmente independiente. Luego, durante las guerras napoleónicas —en 1798–1799 y de nuevo en 1805–1815— fue separada de la tierra firme, dominada por los franceses; los barcos y las tropas inglesas se preocuparon de que no viviera la experiencia de los cambios administrativos y sociales que los franceses habían traído consigo. Incluso cuando la caída de Napoleón devolvió las antiguas monarquías de Italia, nueve o diez, según las circunstancias, bajo el control general de Austria, la isla seguía estando alejada de la mayor parte de las mismas. Su economía, básicamente agrícola, dependía de las exportaciones de trigo, y luego de azufre; sus reducidas clases educadas apenas si habían salido de un culto a una erudición anticuada y a la ley feudal.

Sin embargo, "Sicilia" era algo así como una abstracción. Con sus tres ciudades rivales (Palermo, Messina y Catania) y sus lentas comunicaciones internas, la isla no tenía un foco único. Al revés que la populosa capital, Palermo, centro de una alta nobleza servida por unos gremios artesanales obedientes y sostenida económicamente por vastos cultivos de trigo, Catania era una ciudad modesta de 45.000 habitantes con un *hinterland* de viñedos y olivares sobre una tierra fértil. Sus clases educadas miraban más hacia Nápoles, accesible por mar, y cuidaban del desarrollo del puerto. Cuando una crisis política en 1811–1812 dio lugar a una constitución parlamentaria de breve duración, un grupo de cataneses se distinguió predicando democracia. El fin de las guerras napoleónicas permitió que el rey Borbón aboliera la constitución en 1816 e incluso el reino nominalmente independiente de Sicilia. Aunque esto suponía un despotismo centralizado, también significaba la adopción tardía de los sistemas administrativos y judiciales modernos y simplificados que Napoleón

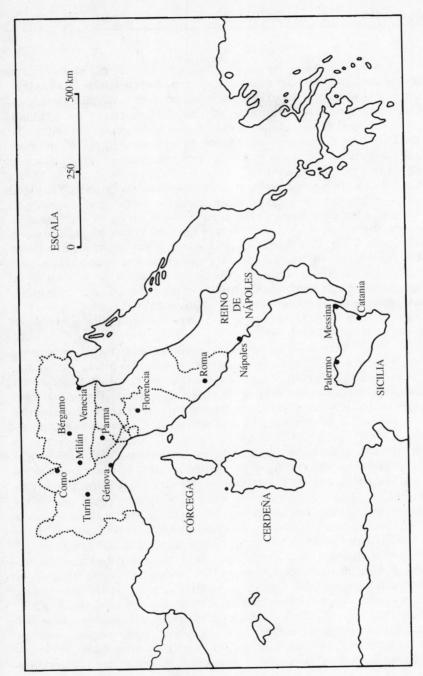

Mapa: Italia en 1815.

había impuesto en todas partes; los abogados de Catania se mostraron rápidos en adoptarlos. Nacido en una ciudad dominada por esta burguesía ambiciosa —argumenta el destacado historiador Giuseppe Giarrizzo—, Bellini, aunque de origen humilde, se adaptó fácilmente a su "alta" cultura y a una red de relaciones sociales que lo liberaron de tener que depender de un patronazgo o de sufrir algún complejo de inferioridad; cuando la corporación municipal le dio una beca para estudiar música lo mandó a una ciudad de mentalidad similar, Nápoles.

Algo de cierto hay en ello sin duda; pero la Revolución Francesa, directa o indirectamente, trajo consigo cambios de tal envergadura que en ningún lugar de Europa podía darse ya que un músico de primera categoría vistiera la librea de una casa noble, como lo había hecho Haydn hasta 1790. El dominio de la burguesía en Catania era relativo —obra de abogados y funcionarios que eran también minifundistas, más que de comerciantes o manufactureros—; los inicios de la carrera de Bellini dependerían, después de todo, de un patrón noble individual, como había ocurrido con las carreras de su padre y de su abuelo.

El inicio de su carrera fue típico de un músico: su padre y su abuelo eran ambos miembros del oficio.

El abuelo, Vincenzo Tobia Bellini, procedía de una ciudad montañosa de los Abruzzi, muy lejos, en la península; después de graduarse en uno de los célebres conservatorios de Nápoles, se trasladó a Catania como compositor-organista fijo de un gran noble, el príncipe Biscari, se casó con una viuda siciliana, y llevó a cabo una carrera mediana, circunscrita a su mundo local. Biscari, su principal protector, era uno de los dirigentes de la vida intelectual catanesa. Su palacio albergaba un conocido museo de arte antiguo, así como (menos importante) un teatro que a veces daba ópera; era un lugar de encuentro para francmasones —los agentes conscientes de la Ilustración. Se ha dicho que Vincenzo Tobia pudo haber escrito música para funciones masónicas, y puede que fuera él mismo masón; pero nos faltan pruebas. Su labor principal era sin duda la de escribir música eclesiástica, no especialmente individualizada, pero adecuada para las muchas funciones que señalaban el año religioso.

La carrera de Vincenzo Tobia oscureció la de su hijo y asistente, Rosario Bellini, el padre de Vincenzo. La concesión de una beca de la corporación municipal de Catania al joven Vincenzo de diecisiete años menciona específicamente los "méritos" de su abuelo y la "dura labor" de su padre. Rosario era un artista mediocre; aunque se casó con una mujer de una familia de funcionarios de poco rango, Agata Ferlito, parecen haber vivido como parientes pobres. Vincenzo, su primer hijo, nació en un entresuelo de tres habitaciones pequeñas, cubiertas por un techo de arcos bajos, comprimidas dentro de un palacio noble en el centro de Catania. Después de haber tenido tres hijos y tres hijas más, se trasladaron en 1813 a un piso más económico: la rápida inflación de las guerras napoleónicas sin duda los empobreció. Debido a la falta de espacio, y por la prometedora capacidad musical que se veía en él, Vincenzo se fue a vivir con su abuelo. Como adulto, cuando estuvo permanentemente alejado de Catania, mantendría correspondencia no con sus padres, sino con su tío materno, Vincenzo Ferlito.

Estos arreglos no presuponen ninguna pelea de familia. El abuelo, el padre y el tío materno vivían a unas pocas calles de distancia y, como quien dice, metidos unos dentro de otros. En años posteriores, cuando Vincenzo fue mayor, dijo explícitamente que sus cartas eran para todos los de la casa. Si escribía a su tío era probablemente porque sus padres encontraban difícil escribir cartas; la firma de su madre es la de una persona que apenas sabía leer y escribir (una de sus hermanas era totalmente analfabeta) y las cartas de negocios de Rosario después de la muerte de Bellini están redactadas de un modo penoso. El hecho de que Vincenzo viviera con su abuelo vino dado por su aprendizaje musical informal: después de que a los siete años el muchacho hubiera compuesto un *Tantum ergo* para ser interpretado en una iglesia —esta es una de las cosas más creíbles que dice el cronista sin nombre—, su abuelo le dijo: "Si estudias, te daré lecciones tres veces por semana."

No hay en la vida de Vincenzo ningún signo que no sea el de un intenso sentido familiar típicamente mediterráneo. Podemos aún captar el eco de este tipo de vida en el rumor de los motes familiares sicilianos: lo llamaban Vincenzuddu, Nzuddu, Nzudduzzu; en 1832, reciente aún el éxito de *Norma*, mandaba todavía "muchos besos a Papá, Mamá, mis hermanas, hermanos, primos, primas y en particular a Pudda y Zudda, a la Zia [tía] Saruzza, la Zia Mara, la Zia D[onna] Judda, etc., etc., etc.".

¿Qué recibió Bellini de su familia? Genéticamente, su célebre belleza física: en edad adulta era alto, con el pelo rizado y los ojos azules —rasgos sicilianos, pero de una minoría. Musicalmente su familia le dio un pronto hábito de hacer música y la práctica. Incluso descartando las teorías más absurdas, probablemente empezó a tocar el piano y a componer hacia la edad de cinco o seis años. La música era para él algo de la vida diaria.

¿Qué recibió de su ciudad natal? Para él, Catania era toda Sicilia; no existe testimonio alguno de que saliera de Catania hasta que fue a Nápoles a los diecisiete años. Para un músico jóven ofrecía gran cantidad de música eclesiástica (canto a solo o coral, a menudo acompañado por órgano u orquesta), ópera con intermitencias —Catania todavía estaba en los aledaños de los circuitos operísticos italianos—, así como música de banda militar, y algún tipo de música doméstica de la que sabemos muy poco. No sabemos mucho más sobre las canciones populares que Vincenzo pudiera haber oído; en un tiempo se creyó que estas habían influido en él, pero tanto en Catania como más tarde en Nápoles, la música popular y la de teatro estaban tan entretejidas que se hace difícil atribuir influencias precisas. Los organillos de calle, por ejemplo —a Bellini parecen haberle gustado especialmente los de tipo antiguo, que llevaban fuelle—, puede que tocaran melodías teatrales.

Los músicos populares que oyó sin duda fueron los campesinos del lado lejano del Etna que cada Adviento entraban en la ciiudad con sus gaitas. Como dice el musicólogo Salvatore Enrico Faila, Bellini adquirió tres cosas de ellos. En primer lugar, sus melodías improvisadas le ayudaron a formar las que lo hicieron famoso —aparentemente divagantes e impredictibles. Luego el equilibrio de la distancia y la atracción entre el bordón y el cantor tuvo que influir su modo de tratar el acompañamiento y la melodía. Y, finalmente, la música de estas gaitas meridionales (más guturales que las escocesas) favoreció que las melodías acompañadas de Bellini tendieran a derivar hacia la modalidad, con cromatismos y oscilaciones entre los tonos mayor y menor. El llanto mediterráneo de la música lenta belliniana, aunque destilada en términos de "alta cultura", tenía sus raíces en lo popular.

Acerca de la educación general de Bellini sabemos poco. Trabajó en su casa con profesores individuales, principalmente sacerdotes. El pariente sin nombre antes mencionado se nos muestra aquí descarado, suponiendo estudios de griego, inglés y filosofía de los que su vida posterior no muestra la menor traza. Las cartas de Bellini como adulto, con su italiano a veces inhábil e incorrecto, nos testimonia una educación literaria muy superficial y poco interés por la literatura en general. Nunca menciona haber leído otra cosa que algún libreto de ópera o material para hacer uno; las raras veces que menciona a Corolano y Sócrates (como ejemplos de profetas sin honor) o la antigua Tiro (como paralelo de la moderna Londres) nos dejan entrever que el compositor desempolvaba en alguna ocasión el Plutarco que había que lucir alguna vez.

Esto no se sale de lo corriente. La música es incluso hoy en día un arte muy exigente; tiende a monopolizar a aquellos que la practican. Los músicos artesanos como el padre de Bellini y su abuelo y otros muchos trabajaban sin cuestionarse su oficio. Vincenzo iba a crecer más consciente de su valor como artista, pero solo en sus dos últimos años en París viviría al lado de hombres como Berlioz y Liszt, que introdujeron en la música el interés por la literatura, la política y la filosofía; solo después de la muerte de Bellini habría un músico italiano —Verdi— que se preocuparía seriamente de Shakespeare y Hugo. En esto, como en otras muchas cosas, Bellini fue la última flor de la antigua escuela italiana[3].

A pesar de su formación en gran parte artesanal, Bellini adquirió virtudes sociales que lo elevaron por encima del grado de mero artesano. Hacia el final de su vida le explicó a su tío sus "sistema" de "acercarse a la mejor sociedad" donde fuera que viviera —en Nápoles como en Milán, Londres o París— y de establecerse entre sus miembros. Esto significaba relacionarse en términos de aparente igualdad con los aristócratas. Parece haber empezado a hacerlo en Catania. Su aspecto lo ayudaba, pero tiene que haberse ocupado de sus modales y de su ropa de un modo que podemos solamente imaginar.

Entre lo poco que sabemos de su vida de adolescente, hay un episodio que sugiere muchas cosas. Estaba tocando en una recepción junto con uno de los hijos del príncipe Cassaro, antiguo ministro del gobierno; cuando Bellini criticó el modo como el muchacho tocaba la flauta, el joven le contestó llamándolo "Bruttini" (de "brutto", feo, en lugar de "bello", hermoso, en diminutivo). Por lo visto se trataban de tú a tú. En esta recepción, Bellini llamó la atención de la hermana casada del joven flautista, la duquesa de Sammartino. El duque era desde 1818 el gobernador de la provincia de Catania. Al año siguiente fue él quien le dijo a la corporación municipal que le concedieran a Bellini una beca; no parece que opusieran resistencia a hacerlo, pero la iniciativa vino de parte del duque. El "sistema" de Bellini daba sus frutos.

---

[3] En una "carta" altamente sospechosa, parafraseada en 1839 por un escritor siciliano (de quien nunca se ha visto ningún autógrafo), Bellini habría expresado su intención de poner en música la tragedia *Oreste* de Alfieri palabra por palabra, siguiendo los principios que más tarde serían los de Wagner y Richard Strauss, aunque Florimo negó que lo hubiera mencionado jamás. Algunos fragmentos en los que se ponían en música las historias clásicas de Virginia e Ifigenia (entre los papeles de Bellini en el MB) se han tomado por lo general como ejercicios de estudiante. M. R. Adamo, "Vincenzo Bellini, Biografía", en Adamo y F. Lippmann, *Vincenzo Bellini*, Turín, 1981, págs. 190–191, argumenta que el proyecto Alfieri es "absolutamente plausible" debido a "la pasión de Bellini por Alfieri y su concepto de la ópera [como puede verse en *Norma*], y que los ejercicios escolares "pueden indicar que no estaba tan remiso a intentar los temas "clásicos". La "pasión de Bellini por Alfieri", sin embargo, solo nos consta por la afirmación de Florimo; el hecho de que una vez describiera a su libretista preferido Romani como "mi Alfieri" (*E*, pág. 445) nos dice poco al respecto. Lo cierto es que desestimó el tema de César en Egipto porque era tan "viejo como Noé" (*E*, pág. 177) y probablemente hacía una distinción entre la antigüedad clásica (una cantera de materiales para innumerables óperas del siglo XVIII) y temas "nuevos" y llamativos como la *Norma* de las Galias —por clásico que pueda ser su modo de tratarlo en sentido estético. Si, por otra parte, los temas clásicos de sus esbozos fueron dictados por los profesores de Bellini, entonces no nos indican nada acerca de sus gustos. Cfr. con el rechazo virtual de la historia de *Oreste* en Weinstock, *Bellini*, págs. 418–421.

Esta beca —de 36 onzas (algo así como 6.000 pesetas)* al año durante cuatro años— se llevaba más o menos dos quintas partes del dinero que la corporación entregaba cada año a artistas con aspiraciones, como por ejemplo, pintores y escultores. Bellini la solicitó basándose en que su familia era pobre y él necesitaba formar su "gusto" y sus "principios" en el conservatorio de Nápoles, la capital del nuevo reino unido de las Dos Sicilias. La beca estipulaba que si después no vivía en Catania, tenía que devolver el dinero, pero esta condición no le fue nunca exigida. El 5 de junio de 1819 Bellini se puso en camino por tierra para Messina para visitar a una tía paterna y su familia, y tomar luego el barco para Nápoles.

Para él esto fue lo último que hizo en Sicilia excepto visitar la isla. Haría un viaje "sorpresa" mal documentado en 1824 o 1825, hacia el final de sus estudios, y un retorno triunfal en 1832. Pero nunca trabajó allí; estaba demasiado lejos de las corrientes principales de la vida operística. Donizetti sí trabajó en Palermo en 1825–1826, pero esto fue en su época de músico viajero —una fase que Bellini supo evitar. En 1819, sin embargo, y durante un cierto tiempo, Bellini parecía inclinado a volver y repetir la carrera de su abuelo como músico local bien considerado: esta era la salida que todavía tomaba en consideración en 1822, cuando la corporación municipal de Catania prolongó su beca hasta el año 1826. Solo el éxito de su ópera de licenciatura lo convirtió en emigrante a largo plazo, del tipo de los que habían ido a reunir una fortuna y que tardaría muchos años en establecerse de nuevo en casa. Siempre se había sobrentendido que después de su formación ayudaría a mantener a su familia; y así lo hizo, con remesas de dinero desde Milán y París en lugar de hacerlo con el salario de la catedral.

Sicilia vivía entonces en su mente como el lugar donde estaban su casa y su familia. Años más tarde estuvo encantado de encontrar a un joven conocido catanés: "Me siento tan feliz que estoy fuera de mí" (literalmente "fuera de mi camisa"); ambos estuvieron de acuerdo en que Catania era el mejor lugar del mundo, su patrona Santa Ágata "la primera santa del cielo" y terminaron gritando al unísono "Viva Sant'Agata!". Pero si Bellini se interesaba o no por lo que pudiera ocurrir en Sicilia, no lo sabemos. A veces decía de sí mismo que era siciliano, pero el hecho de que se gloriara de que sus dos primeras óperas profesionales transcurrían en la isla era al menos en parte para dar satisfacción a un alto funcionario, y su ocasional autoidentificación con el orgullo del siciliano o con su bravuconería no eran más que una adhesión a los clichés usuales.

---

* El original dice 24 libras esterlinas. *[N. del T.]*

Sus sentimientos eran auténticos, pero se quedaron fijados en su infancia y en su primera juventud.

En su viaje a Nápoles, Bellini llevó consigo un cuaderno de sus primeras composiciones, la mayor parte escritas ex profeso en el último año para mostrarles a los directores del conservatorio lo que era capaz de hacer. Estas obras no parecen haber impresionado mucho a sus nuevos profesores, quienes lo colocaron en la clase de los principiantes. Tal vez Bellini sufrió una decepción como la de una rana que viene de un estanque pequeño.

No sabemos si llevó consigo a Nápoles algo más que sus sentimientos familiares. Uno de los filones del mito póstumo en Catania rebosa de historias acerca de los éxitos sexuales de Vincenzo —uno explicado muchos años más tarde por un amigo (quien también desempolvó versos "recordados" y una carta obviamente falsificada) y otros sin fuente visible. Entre las muchachas mencionadas había una alumna de su padre y una muchacha seglar de un convento, al cuidado de unas monjas. Todas estas historias surgieron, por lo que parece más lógico, de las necesidades imaginativas del público masculino de Catania. En una de las supuestas intrigas, Vincenzo habría tenido doce años de edad; en otra, la muchacha habría tenido siete u ocho.

Lo cierto es que no sabemos nada de la vida erótica de Bellini antes de 1822, y muy poco de antes de 1828. Muchos burgueses jóvenes de fines del siglo XIX recibían su iniciación sexual poco antes de los veinte años, de alguna sirvienta o prostituta y sin compromiso alguno, pero esto no significa mucho referido a la Catania de los años 1810. Al fin y al cabo era un lugar donde hombres y mujeres asistían por separado a la iglesia. Poco después de llegar a Nápoles, Bellini escribió una carta en la que podemos vislumbrar a un muchacho ingenuo. Fue dirigida a su tío de Messina, con cuyos familiares había estado alojado; una de estos era su joven prima Cristina. En la carta daba gracias a Dios de que la familia hubiera superado sus enfermedades:

> Solo una cosa me preocupa —que D[onna] Cristina haya dejado la música. Tiene un piano y lo tiene dormido, mientras yo habría deseado tener uno aquí para levantar mi espíritu. Tenía que haber comprado un clavicordio, pero no pude encontrar ninguno. Aquí hacen pianos pequeños, pero cuestan una verdadera fortuna. Y aquí está mi prima, que no piensa para nada en ese magnífico instrumento suyo. Dios da pan a quien no tiene apetito.

Luego le dice a su tía que no le ha comprado aún la muselina francesa que le había pedido, porque en verano las mujeres napolitanas visten de blanco, y los colores de moda no se sabrán hasta el otoño (31 de julio de 1819). La ingenua esperanza de que su tío pudiera enviarle el piano no usado se ve tan claramente que podemos entender por qué riñe a su prima. Eventualmente, Bellini acabaría adquiriendo un piano —a medias con su amigo Florimo—, pero solo cinco años más tarde.

Para un músico de Catania de diecisiete años, estudiar en el conservatorio de Nápoles era lo más a que se podía aspirar. El estado, la ciudad y el conservatorio eran lo mejor que se podía llegar a conseguir.

Ser gobernados desde Nápoles había irritado a algunos nobles e intelectuales de Palermo: bajo el antiguo imperio español, los reinos de Sicilia y Nápoles habían sido gobernados desde Madrid, pero por separado. Para bien o para mal, sin embargo, los napolitanos y los sicilianos tenían mucho más contacto entre sí que el que tenían con la gente situada más al norte. En el año en que murió Bellini, una persona que viajara de Nápoles a Florencia todavía podía decir que "iba a Italia". La ciudad de Nápoles, mucho mayor que cualquier otra de la península (y una de las mayores de Europa), no se había hecho aún famosa como lugar de crímenes y enfermedades; la pobreza de muchos de sus habitantes llamaba la atención de los turistas como algo pintoresco, con algún ribete desagradable si se acordaban de la mucha sangre derramada por las masas en varias revueltas de los últimos tiempos (la última vez en 1799), a costa de los jefes republicanos bienintencionados que habían sido brevemente colocados en el poder por los franceses. Los turistas acudían por las antigüedades, el volcán, la bahía y en busca del placer, por encima de todo el de la música.

Durante el siglo XVIII Nápoles había superado a Venecia como cuartel general de la música italiana, lo cual significaba, en primer término, la ópera, con el oratorio en un importante segundo lugar. No es que el reino como tal tuviera una red operística de primera clase. El país era demasiado pobre: la ópera como profesión y como negocio estaba enfocada hacia la Italia del norte. La ciudad de Nápoles, sin embargo, era donde vivía la corte y la nobleza de todo el reino; los recursos concentrados extraídos de los impuestos y las rentas permitían que los teatros dieran ópera todo el año, con solo breves paréntesis motivados por las festividades religiosas. Como medida de gobierno, los Borbón hicieron de su teatro real, el San Carlo, el mayor del mundo; cierto que sus artistas eran en gran parte de importación. Lo que mejor alimentó la reputación de Nápoles como capital musical fueron sus cuatro conservatorios (*conservatorii*, originalmente orfelinatos), todos fundaciones religiosas y verdaderos parvularios de los que surgieron célebres cantantes y compositores.

Cuando Bellini llegó en 1819 el San Carlo estaba en la cúspide de su esplendor gracias a un subsidio real que no tenía equivalente en la península. Esto se debía al monopolio del juego: el director del San Carlo, que tenía el juego a su cargo, entregaba parte de las ganancias a la corona y recibía un subsidio además de su parte en los beneficios. El monopolio había surgido en la época del anterior gobierno napoleónico, cuya generosa protección había también introducido algunas óperas neoclásicas francesas de Gluck y Spontini; sería abolido después de la revolución de 1820. Rossini, en el quinto año de su estancia como compositor residente —y socio en la concesión del juego—, usaba estos recursos para poner en escena una serie de óperas serias atrevidamente planeadas.

La educación musical, sin embargo, todavía se estaba recuperando de la severa crisis económica que la había afectado en los últimos años del siglo XVIII. Los cuatro conservatorios se habían endeudado gravemente, tal vez porque la inflación se había comido sus ingresos fijos procedentes de inversiones. Al final fueron reorganizados como un único conservatorio nuevo que ya no era eclesiástico ni caritativo en parte, sino una institución del gobierno con estudiantes que llevaban un uniforme semimilitar. El conservatorio estaba alojado en el ex convento de San Sebastiano, un edificio que hace ya muchos años que fue derribado. Aquí viviría y trabajaría Bellini por espacio de casi ocho años.

Este es el período más desconocido de su vida. Solo poseemos tres cartas poco informativas aparte de la petición que, en septiembre de 1819 —poco después de su llegada—, solicitó y obtuvo una plaza libre en el Conservatorio: de hecho, una beca extra, esta vez del gobierno. Al mismo tiempo, salió de la clase de los principiantes.

Por lo tanto, dependemos casi totalmente de Francesco Florimo, quien escribía y publicaba en su vejez en su condición de custodio de los dos mitos: el de Bellini y el de la escuela musical napolitana. Cuando trata de los años del conservatorio, Florimo resulta aún más problemático: ahí coinciden los dos mitos, y él resulta poco fiable sobre ambos. Al mismo tiempo, sin embargo, fue su compañero de estudios, testigo ocular y confidente.

Sobre el Conservatorio no sabemos nada. La reorganización no había alterado su carácter básico ni sus métodos de enseñanza. Como grupo de músicos que se autoperpetuaba, era profundamente conservador y continuaría siéndolo durante muchos años.

El conservadurismo dejó su huella tanto en su enseñanza como en su aspecto musical. Como era una escuela, tendemos a pensar en él como una institución con una dirección colegiada y un currículum, unos métodos y unos niveles convenidos. En la práctica, cada profesor llevaba su propia "escuela". Su relación con los alumnos era paternal: ellos se le dirigían con deferencia y le besaban la mano cuando entraba. Él podía ayudarlos o dejarlos fuera, tal como creyera conveniente; bajo su autoridad tenía a alumnos que ejercían de profesores (los *maestrini)* que transmitían sus órdenes. Bellini, que ya superaba la edad establecida para el ingreso, se convirtió en *maestrino* en cuanto consiguió su plaza libre.

La enseñanza se hacía principalmente de tú a tú; cuando la música se estudia vocacionalmente es como suele acabar siendo, y el conservatorio no podía ser sino vocacional: la instrucción "literaria", aunque formaba parte de los cursos, era algo subordinado. Los estudiantes practicaban sus instrumentos o sus voces la mayor parte del tiempo de modo individual, pero junto a otros en unas habitaciones grandes con aspecto de barracones; aprendían a cerrar sus oídos al rumor general. También había ensayos colectivos, dos veces a la semana para voces e instrumentos separados y una vez a la semana para todo el mundo. La única novedad real era que los alumnos ya no actuaban en las iglesias.

La tradición dieciochesca del conservatorio gobernaba la enseñanza de sus profesores —todos habían sido antiguos alumnos. Podían no estar de acuerdo sobre cuál de los compositores napolitanos merecía ser más reverenciado —Cimarosa o Paisiello en los últimos tiempos, o Durante o Leo en décadas anteriores—, pero para todos la escuela napolitana era la encarnación de los verdaderos valores musicales: cuando el director artístico, Niccolò Zingarelli, introdujo el estudio de Haydn y Mozart junto a los venerados maestros napolitanos, uno de sus colegas más ancianos consideró que esto era una "licencia" deplorable.

Los principales maestros que tuvo Bellini fueron, primero, el septuagenario Giovanni Furno para la armonía; luego, Giacomo Tritto —que tenía ochenta y seis años cuando llegó Bellini— y, finalmente, el autocrático Zingarelli en persona, otro septuagenario. Estos eran compositores en orden ascendente de importancia, según los veían los contemporáneos; hoy están todos olvidados. Tritto, la mayor parte de cuyas obras eran óperas bufas, insistía sin embargo en el estudio del contrapunto. Cuando Bellini se pasó a la clase de Zingarelli fue, según Florimo, porque Tritto no le convenía a su sentido melódico, pero según el propio Bellini, porque Tritto había muerto (a la edad de noventa y un años); puede que ambos tengan razón. Bellini reconoció su deuda para con Zingarelli en años posteriores; pocas semanas antes de su muerte había comentado: "es cierto que ese pobre anciano tenía sus fallos" (probablemente refiriéndose a su mal carácter), "pero merece todo el respeto y el afecto de sus alumnos" (18 de julio de 1835). Zingarelli tenía buena opinión de su alumno: en 1824 lo nombró *primo maestrino* —prefecto jefe, con una habitación para él solo— y luego le dio el privilegio de escribir una ópera como fin de carrera. Lo que nos cuenta Florimo de que una vez le habría dicho a Bellini "tú no naciste para la música" (lo que Bellini le habría recordado, años más tarde), resulta muy sospechoso: a Florimo —ya lo hemos visto— le gustaba inventar profecías y réplicas que tuvieran un buen sentido dramático.

No sabemos qué relaciones pudo tener Bellini con Girolamo Crescentini, el famoso castrato y maestro de canto, que se unió al Conservatorio en 1825, a la edad de solo sesenta y tres años, y con un salario igual al de Zingarelli —de lo que nació una enemistad inextinguible. Crescentini pronto profetizó que la segunda ópera de estudiante de Bellini sería un fracaso, o sea, que, las probabilidades son de que en este mundo meridional de lealtades personales nunca tuvieran buen trato. Sin embargo, tanto Zingarelli como Crescentini estaban de acuerdo en lo que era un buen estilo vocal y musical. Ambos detestaban al brillante compositor que reinaba en aquel momento, Rossini, y deseaban volver al estilo más sobrio de un cuarto de siglo atrás, cuando el compositor reinante había sido Paisiello y la emoción dominante el *pathos* suave y digno. Zingarelli le mostró a su alumno esta misma vía.

No era meramente cuestión de gusto personal. Atacar a Rossini era una costumbre napolitana. En el resto de Italia, asimismo, una corriente crítica levantaba varias objeciones contra él: no hacía mucho caso de las palabras, recargaba la línea vocal con ornamentaciones, y la ahogaba en una instrumentación ruidosa y "alemana". El ideal era hacer que la línea vocal fuera la expresión de las palabras, con un acompañamiento discreto, mínimo: esto, de acuerdo con los críticos más sesudos (que miraban atrás, hacia los antiguos griegos), pasaba por ser música verdaderamente "filosófica".

El problema estaba en que en esos años de Nápoles Rossini —a pesar de uno o dos fracasos— se lo llevaba todo por delante. Cuando dejó la ciudad en 1822, la pasión por sus óperas estaba irrumpiendo en toda Europa. La chispa y la velocidad de su música podía no ser "filosófica", e incluso un punto vulgar, pero era lo que el público postrevolucionario quería.

Zingarelli se mostraba sarcástico. Podía permitírselo: había escrito la última de sus treinta y ocho óperas (la mayor parte serias) en 1811, y se estaba dedicando a la música sagrada y a la enseñanza. Según Florimo, hacía inventar a Bellini cada día melodías vocales, y subrayaba que una composición tiene que "cantar" si es que tenía que tocar el corazón y complacer al público: la armonía elaborada y el contrapunto nunca lo conseguirían. Los estudiantes tenían que aprender la gramática de la música, y después hacer todo lo posible para ocultarla.

Tan arrollador, sin embargo, fue el triunfo de Rossini, que los propios alumnos de Zingarelli no pudieron evitar imitarlo durante todos los años 1820 —y Bellini también, aunque fue el más resistente y el primero que se apartó de ese modelo. La tensión entre el ideal de la vieja escuela que habían absorbido y la nueva práctica que había desaparecido con ellos todavía se percibe en los comentarios de Florimo, medio siglo más tarde: exalta a Rossini como el gran genio de la música italiana, pero escribe que la escuela representada por las óperas escolares de Bellini, aunque "no era la que acabaría predominando", estaba "reformada basándose en principios naturales... llana, gentil, llena de sentimiento y melancolía... y [con] el secreto de gustar espontáneamente, en lugar de hacerlo por medio del artificio". Aquí "artificio" no es más que un ataque a Rossini.

Paisiello, considerado como el ideal, ciertamente ejerció su influencia sobre Bellini: la simplicidad deseada de *Nina*, la ópera llorosa y sonriente de 1789 sobre una muchacha que enloqueció de amor, se encuentra detrás de *La sonnambula;* Bellini la citó además como modelo de Elvira en *I puritani.* Más dudoso resulta el relato de Florimo sobre la reverencia de Bellini por la música del más antiguo Jommelli y sobre todo de Pergolesi. La historia de que habría copiado cuartetos de Haydn y quintetos de Mozart queda en cierto modo corroborada por la música impresa que Bellini dejó en Nápoles, que incluía algunas sinfonías de Mozart. (Su supuesta devoción por un septeto vocal del Donizetti joven, por otro lado, forma parte de los sospechosísimos intentos de Florimo de mostrarnos a un Bellini lleno de cálida consideración hacia su futuro rival). Lo que no tenemos nada documentado, pero posiblemente sea de la mayor importancia en la configuración del gusto musical de Bellini, fue su conocimiento de la ópera a través de los teatros de Nápoles.

Como *primo maestrino*, a partir de 1824 Bellini tenía derecho a asistir al San Carlo dos veces por semana (sin duda con un pase de libre entrada), pero como simple *maestrino* pudo ya probablemente asistir al teatro mucho antes que eso: dos de las anécdotas de Florimo, en lo que puedan valer, afirman que estuvo en el San Carlo en 1820 y en el teatro Nuovo, mucho más ruinoso, en 1822.

En el San Carlo, el único teatro del que poseemos programas detallados, las óperas de Rossini tenían la supremacía. *Semiramide*, su última ópera italiana, fue representada en todas las temporadas entre 1823 y la partida de Bellini en 1827. Florimo recordaba a un Bellini deprimido que se detenía en el camino de regreso al conservatorio después de la función para preguntarse si tenía sentido alguno continuar trabajando la música; esto es plausible, porque *Semiramide* era un compendio de lo que la ópera italiana había logrado. De esta ópera (y de *Mosè in Egitto* y de *Maometto II*, ambas representadas en más de una ocasión durante su estancia en Nápoles) pudo aprender por encima de todo cómo organizar un conjunto grandioso y complejo, con solistas y coro diseñados para despertar en el oyente las clásicas emociones de piedad y de terror. Aquí se halla una de las fuentes obvias del logro culminante de Bellini, la escena final de *Norma;* otra —una especialidad local— fue la monumental ópera parisiense de Spontini, *La vestale,* cuya austera línea vocal era declamada ahora por Joséphine Fodor, una excelente cantante que también apareció en el papel de Semiramide.

Se veían, además, varias óperas de los compositores más viejos, Johann Simon Mayr y Pietro Generali, y de jóvenes imitadores de Rossini —Saverio Mercadante, Michele Carafa, Giovanni Pacini y Gaetano Donizetti; estos dos últimos escribían también óperas bufas y sentimentales para otros teatros. El bávaro italianizado Mayr había contribuido a formar muchas de las estructuras de la ópera italiana que se atribuyen a Rossini. Bellini más tarde escribiría: "mi corazón debe su modo de sentir al estudio que hice de las sublimes composiciones [de Mayr], llenas de verdadera pasión y de lágrimas"; esto lo decía en una carta escrita para que fuera leída al viejo compositor de buen corazón y ahora casi ciego que le había mostrado amistad, pero puede haber sido solo una ligera exageración (25 de agosto de 1835). La *Medea in Corinto* de Mayr, dada en el San Carlo con la Fodor, fue otro modelo para *Norma,* en su "sublime" declamación más que en lo que ahora puedan parecernos flojas melodías e instrumentación deliberadamente elaborada. En cuanto a los jóvenes que estaban llegando, Pacini y Donizetti, eran los rivales en potencia de Bellini: eso, como veremos, significaba la guerra.

Para Bellini y sus compañeros de estudio, la ópera era el terreno elegido. Sus profesores, sin embargo, les hacían escribir música sagrada y, en pequeña escala, música instrumental; era más fácil conseguir que se interpretara la música religiosa. Es por esto que conservamos, de la mano del joven Bellini —algunas escritas en Catania, algunas en Nápoles—, cuatro misas (Kyrie y Gloria solamente), y más de una docena de piezas religiosas más breves para voces solistas y coro, una sonata para órgano, nueve canciones o arias (una publicada en 1824 pero escrita tres años antes), una cantata nupcial, seis oberturas en dos tiempos (lento-rápido), y un diminuto concierto para oboe, el único que ha sobrevivido de un grupo de conciertos escritos como ejercicios; nos quedan también fragmentos de conciertos para violín, flauta y fagot, y algunas obras se han perdido.

¿Causaría mucha diferencia en la posición que ocupa Bellini en el mundo de la música que se hubiera perdido toda esa música? Él es el compositor italiano más identificado por completo con la ópera. Ninguna de estas obras primerizas ha impresionado a los oyentes modernos del modo como lo han hecho las sonatas para cuerda de Rossini (compuestas a la edad de doce años); también es cierto que raramente la oímos interpretar. El concierto para oboe es una cosa pequeña y encantadora que podía ser de Cimarosa. El joven catanés era un músico precoz, "con talento, pero inexperto", como ha dicho Andrew Porter; le costó tiempo encontrar su propia voz.

Esa voz empezó a escucharse en su ópera de licenciatura, compuesta, como se les permitía a veces a los buenos estudiantes, para el teatrito del Conservatorio, con todos los papeles cantados por estudiantes —y por lo tanto para voces masculinas, con algunos cantando en *falsetto. Adelson e Salvini*, una ópera "semiseria" de factura típicamente napolitana, se estrenó allí en 1825, y fue un éxito. Como resultado, Bellini ganó el privilegio superior, asequible a los mejores estudiantes, de que se le representara una ópera en el San Carlo.

Bianca e Fernando, ópera seria, tenía que haberse estrenado el 12 de enero de 1826 en una gala en honor del heredero del trono, pero como esa fecha era el aniversario del difunto rey anterior, la etiqueta de la corte aplazó la función hasta el 30 de mayo, lo que hizo necesario cambiar el reparto; para evitar una aparente alusión al nombre del príncipe, el "Fernando" del título tuvo que cambiarse por "Gernando" —un poco más de etiqueta, que ha sido muy ridiculizado por los autores modernos, pero que era una costumbre corriente que se remonta al menos hasta el libreto de Metastasio *L'isola disabitata*, en 1754. Cuando *Bianca e Gernando* resultó un éxito, Bellini ya había llegado. Continuó viviendo en el colegio del conservatorio (instalado a partir del otoño de 1826 en el delicioso ex convento rococó de San Pietro a Majella) hasta que se fue a La Scala de Milán el 5 de abril de 1827, pero ahora ya era un compositor profesional.

De su vida cotidiana en Nápoles sabemos realmente muy poco. La ciudad era y sigue siendo una de las más vitales, un teatro colectivo además de un lugar de estudio y de pensamiento, pero lo que significó para él lo tenemos en blanco. Se aseguró el patronazgo del duque y la duquesa de Noja —el duque era regente del conservatorio y superintendente de teatros, una persona importante—, pero se trataba de un patronazgo, y lo siguió siendo. Bellini dedicó una canción a otra dama aristocrática. Si su "sistema" de perseguir las conexiones nobiliarias obtuvo otros éxitos, lo desconocemos. En el mundo de la ópera conoció a la familia Cottrau, editores de música franco-napolitanos, así como al director-primer violín de la excelente orquesta del San Carlo, Giuseppe Festa.

Las anécdotas de su vida escolar son escasas y no van mucho más allá de la ocasional fiesta para asar costillas y mejorar un poco la comida institucional. Un momento de aparente fervor político llegó con la fugaz revolución de 1820. Esta fue desencadenada por los Carbonari, una sociedad secreta de aspecto democrático, organizada en logias como las de los masones. Bellini y Florimo ingresaron en una de esas logias. El rey Fernando I trató de ganar tiempo y soportó el gobierno parlamentario, pero al final se puso de acuerdo con el ejército austriaco para que le ayudara a restaurar su reinado despótico. En ese momento, el director administrativo del Conservatorio, un sacerdote, llamó a Bellini y Florimo y les dijo que su secreto se sabía, y les echó un rapapolvo: si no querían ir a la cárcel, tenían que ir a confesar primero, y acudir luego al San Carlo y gritar "¡Viva nuestro rey Fernando, ungido por Dios y por el derecho!". Esto es lo que hicieron, pero no informaron de ello a los demás miembros de su logia. Así es la anécdota tal como la explica Florimo. Suena bastante plausible. Lo que los biógrafos han dejado de señalar es que en el momento máximo de la revolución, un hombre adulto de cada cinco se había asociado a los Carbonarios. Las logias se habían convertido en una mezcla de institucionalidad y de locura: el hecho de que Bellini ingresara en ellas no habría significado mucho.

A través de su vida, Bellini parece haber sentido la necesidad de una familia adventicia. En Nápoles, él y Florimo conocieron a una tal Andreana, con varios hijos e hijas aproximadamente de su edad, con suficiente intimidad como para saber que una de las hijas era tuberculosa y le fallaba la regla a veces como consecuencia de ello. Un año después de su marcha, las relaciones de Bellini con ellos se agriaron. La causa última fue lo que él consideraba el "esnobismo de las Andreanas", propia de "hace medio siglo": le escribió a Florimo (mayo de 1828) para que "les hiciera comprender que hoy en día la gente estima a los hombres de mérito y que saben cómo amar, más que la riqueza y la sangre noble". (Las carreras abiertas "a los hombres de talento", un tema lanzado por la Revolución Francesa, estaba en la mente de muchos jóvenes que luchaban por hacerse un lugar.) Parece como si él o Florimo hubiesen hecho proposiciones matrimoniales a alguna de las muchachas y hubiese sido rechazado, pero la información que tenemos es oscura.

Es famoso el hecho de que Bellini sí quiso casarse con una muchacha napolitana, y fue rechazado. Ella era Maddalena Fumaroli, hija de un juez. Ya vimos que él perdió todo interés en ella cuando se alejó de

Nápoles, aunque ella por algún tiempo lo mantuvo; la noticia de su muerte le produjo un dolor cierto, pero no avasallador.

Para conocer esta historia de Nápoles dependemos de Florimo, quien hizo un buen plato del asunto. Algunos de sus detalles son falsos: de las dos canciones de Bellini, supuestamente sobre versos de Maddalena, el texto de al menos una es de otra persona, y ambas fueron compuestas antes —como dice el propio Florimo en otro lugar— de que la joven pareja se hubiera conocido. El dramático desenlace puede ser falso también (el juez, después de haber rechazado varias veces al principiante sin dinero, se ablanda después de los rápidos éxitos de Bellini en La Scala; ahora Bellini dice que no, pero promete no casarse con nadie más). Las cartas de Bellini nada dicen que lo niegue ni que lo demuestre.

El núcleo de la historia no puede ser más vulgar, aunque esto no disminuye el sufrimiento de los jóvenes, sobre todo de la muchacha. Bellini la conoce en casa de su padre, le ofrece darle clases de canto; se enamoran; sus padres interrumpen las clases y le ruegan a Bellini que vaya dejando de visitarla. Los jóvenes mantienen una correspondencia clandestina; después del éxito de cada una de sus óperas de estudiante, Bellini le propone, a través de un intermediario, la boda con la esperanza de lograrlo, pero cada vez es rechazado. Él abandona Nápoles, después de una entrevista secreta en la que ambos lloran lágrimas "incontenibles que les parten el corazón".

Sin duda ocurrió algo de esto. El juez se inclinaba a rechazar una oferta de un joven que acababa de ingresar en una profesión altamente insegura. Por otra parte, el joven es lógico que se enfriara una vez trasladado a una ciudad a la cual las cartas de Nápoles tardaban ocho días en llegar, y donde se veía rodeado de gente nueva y divertida —esto es, si no se había enfriado ya antes.

Este fue el romance de Bellini. Siete años más tarde, podía mirar atrás con sentimiento. En una carta le recuerda a Florimo que era el aniversario del día en que habían corrido tras "cierto carruaje". Al día siguiente, el juez Fumaroli se había quejado ante los regentes del conservatorio y habían recibido otro rapapolvo, "¿no es verdad?". Habían estado frente a la línea de mar "en una noche divina de luna, ¿no es verdad? ¡¡¡Oh dulces pensamientos e inocente edad de la ilusión, os habéis disipado!!! Y sin embargo, no me siento infeliz". Con realismo mediterráneo, continuaba contándole a Florimo brevemente los detalles de su relación nada romántica y nada comprometedora de ese momento (4 de agosto de 1834).

Poco después de haber salido de Nápoles, el amor de Maddalena se había convertido en una pesadez. En el primer semestre de 1828 dejó de contestar sus cartas insistentes, y esperaba que entrara en razón: él confiaba en que todo acabara bien para ella —"yo por mi parte nunca podría haberla hecho feliz, porque eso es lo que dictan las necesidades de mi carrera y de mis finanzas" (16 de enero de 1828). Casi seguro que es verdad; pero es embarazoso tener que explicar que se ha dejado de amar.

No tuvo estos problemas en la relación central de la vida de Bellini, la que tuvo con Florimo. Bellini escribió que "sus corazones estaban hechos solo para ser amigos hasta el último suspiro" (12 de enero de 1828); "tu existencia es necesaria para la mía" (23 de enero de 1828); "mi excelente, mi honrado, ¡mi angélico amigo!... Cuanto más sabemos del mundo, más claro veremos lo rara que es nuestra amistad!" (11 de febrero de 1835): no es sino una breve muestra.

Esta información, escribió Herbert Weinstock en 1971, "sugiere inevitablemente a los lectores modernos una relación homosexual". Debería haber dicho "a los lectores modernos que no sepan nada de la sociedad mediterránea y muy poco del mundo de la ópera italiana de principios del siglo XIX". Nuestros conocimientos postfreudianos nos ofuscan; conocer las cosas más de cerca nos facilita las cosas.

Francesco Florimo (1800–1888), un año mayor que Bellini, venía de una pequeña población de la punta meridional de Calabria, un área históricamente relacionada más con Messina que con el reino de Nápoles. Esto no impedía que despotricara a veces contra todo lo siciliano, o que Bellini le llamara, bromeando, *stupidino, calabresino*. En efecto, sus peleas ocasionales las recordaban mucho tiempo después sus compañeros de estudios, y se encendían a veces en su correspondencia. Cuando ambos estuvieron en Palermo en 1832, Florimo conoció a los amigos sicilianos de Bellini, quienes luego se burlaron de él y lo acusaron de ser desleal; Bellini, en una carta muy digna, los riñó: "puede haber otros iguales [que él], pero no hay ninguno que lo venza en afecto hacia sus verdaderos amigos" (24 de septiembre de 1832).

Ambos eran jóvenes provincianos meridionales que se estaban formando, en una capital dominada todavía por la aristocracia y por los funcionarios reales y los juristas. Después de haberse licenciado, Florimo se quedó en el Conservatorio para el resto de su vida, cuidando de la biblioteca, actuando como *alter ego* de Bellini, pero jamás, a pesar de que Bellini le presionaba para ello, se atrevió a viajar a París, ni siquiera a Milán en vida de su amigo. Los dos se volvieron a ver solo cuando Bellini viajó hacia el sur en la primavera de 1832. Después de la muerte de Bellini, Florimo fue considerado su heredero espiritual.

Su amistad era de un tipo difícil de entender por parte de los lectores actuales de habla inglesa: extrovertida, ferviente, para toda la vida y normal. La gente que esté familiarizada con la sociedad preindustrial mediterránea o con la de la India, sabrá entenderlo. Llamarla homoerótica es literalmente cierto, pero no nos da a entender nada. Llamarla homosexual es introducir una categoría que la gente de principios del siglo XIX no atribuía a un tipo de relación como esa —ni siquiera en Inglaterra, compárese a Tennyson con Arthur Hallam. Por lo tanto, es distorsionarla. Las relaciones físicas de tipo homosexual eran conocidas (aunque la mayoría las veían con horror), pero la gente no las relacionaba con una profunda amistad.

De todos modos, la amistad era una moneda inflacionaria. En el mundo de la ópera, un "amigo" podía ser alguien a quien ni siquiera se había llegado a conocer: significaba una persona que te había hecho un favor. La correspondencia de los cantantes, músicos, libretistas, empresarios y agentes está lleno de protestas de amistad en este sentido, o de reproches dirigidos a "amigos" que no habían hecho lo que se esperaba de ellos. Entre aquellos que tenían una verdadera relación de amistad, la frase "Ámame como te amo yo" era una salutación frecuente. Una amistad profunda requería un vocabulario aún más ferviente.

Lo que ocurría en el inconsciente de Bellini o de Florimo es algo que no podemos alcanzar —ni ellos podían alcanzarlo tampoco. Tanto es así que Bellini podía escribir algo que superficialmente parece un análisis protofreudiano de los sentimientos de su amigo, pero en realidad era una ingenua observación.

Cuando Bellini empezó su relación amorosa con Giuditta Turina se la explicó con todo detalle a Florimo. La respuesta de este fue tomarlo a broma: Bellini sin duda había perdido peso. Esto hirió profundamente a Bellini:

> Yo creía que el corazón de mi más amado y único amigo estaría preparado para recibir las confidencias de mi corazón; pero después de tu insultante respuesta, ya sabré cómo comportarme a partir de ahora, y abandonaré toda esperanza de poderte considerar mi amigo en el sentido pleno del término. Cierto, no dudo que me amas con todo tu corazón, pero tu conducta, infundada, y dictada solo por el capricho, es demasiado cruel e inamistosa. Basta, piensa lo que quieras, he hecho lo que debo como amigo... [y añadió al final] Yo nunca, nunca cambiaré (17 de octubre de 1828).

Florimo se apresuró a negar que fuera hostil a esa relación con Giuditta Turina y Bellini se calmó:

> Estoy muy contento de ver que no ves nada malo en mi relación, aunque siempre has sido (y como eres incapaz de cambiar tu naturaleza, creo

que sigues siéndolo) inerte ante cualquier amor apasionado que me afecte, y te lo digo porque está claro y evidente en tu [carta], puesto que en un punto muestras más respeto por mi amiga porque está celosa de tu amistad, y como es así que creo que tu amistad por mí tiene algo de extraordinario, me siento también enormemente complacido (1 de diciembre de 1828).

La sintaxis de Bellini le fallaba, pero el sentido resulta claro en otra carta (4 de marzo de 1829). Florimo había sido tan ofensivo como para poner en duda el afecto de Bellini por él; la mejor prueba de que esto no era así era "los celos que tú [Florimo] has despertado en G[iuditta], porque, como puedes bien imaginar, esto solo ha podido producirse por la increíble solicitud que he mostrado hacia ti". El amigo y la amante, en otras palabras —como demostraban sus mutuos celos—, lo amaban y él amaba a ambos; todo iba bien. Cuando Bellini escribió la última carta citada, Giuditta ya "se había convencido de que nuestra amistad es fraternal e inquebrantable, y ya casi se ha acostumbrado a quererte como te quiero yo". Ante las dudas de Florimo, Bellini respondió: "¿Me entiendes o no? ¿Que en mí el amor por ti se ha convertido en un elemento necesario para mi paz interior, para mi vida? ¿Y que no quiero oír hablar de dudas, aunque sean producidas por tu amor? Basta."

También será mejor que lo dejemos aquí.

Al asalto de La Scala

"TE haré mía." Así dice el ambicioso joven provinciano Eugène de Rastignac, el personaje de Balzac, cuando mira hacia París desde las alturas de Montmartre. Milán no tiene alturas, pero el joven compositor siciliano podía haber sentido algo parecido cuando miró por primera vez la fachada poco brillante de La Scala. Después de sus dos óperas de aprendizaje, Bellini se dirigía directamente hacia la cima, determinado a triunfar, y lo consiguió.

No tenía contrato, pero en Nápoles el empresario que reinaba en el San Carlo, Domenico Barbaja, que también gobernaba La Scala como empresario, asociado a los hermanos Villa, le había prometido uno. Estos hombres, y otro empresario con el que Bellini trató más tarde, Giuseppe Crivelli, habían contribuido a hacer de Milán la capital de la ópera italiana. Su instrumento, aunque uno no suele conectarlo con la música, era la rueda de la ruleta.

En los últimos años del siglo XVIII Nápoles era todavía la ciudad italiana de mayor prestigio musical; Bolonia era el cuartel general de la profesión operística, donde se formaban muchos cantantes, se reunían los agentes y se hacían los negocios. Milán era un puesto importante en el circuito operístico italiano, pero nada más. Junto con su territorio circundante, la región de Lombardía, su administración y su economía se habían beneficiado del gobierno de los soberanos "ilustrados" de los Habsburgo vieneses: María Teresa y sus hijos. A efectos operísticos, sin embargo, tenía importancia el que estos soberanos vivían muy lejos: la corte de la ciudad la llevaba un simple virrey. Todavía tenía más importancia el que estos soberanos se mostraban reticentes a la hora de subvencionar los placeres de los ricos o de favorecer conductas inmorales. El monopolio del juego que hemos visto como base de las espléndidas temporadas de ópera de Nápoles fue abolido en Milán en 1788.

Las guerras francesas, sin embargo, trajeron muchos cambios. Entre 1801 y 1814 Milán fue la capital de un estado gobernado por Napoleón y llamado "Italia" (aunque sólo comprendía la zona nordeste de la península). Una guerra casi continua, que tenía lugar en realidad en la Europa central, y no muy cerca, significaba que la ciudad estaba llena de tropas con dinero para gastar, y durante algunos años Milán gozó de una nueva prosperidad; las exigencias de la guerra y de los impuestos crearon una clase media de funcionarios educados. Un gobierno en apuros restauró el monopolio del juego y lo concedió a la dirección de La Scala; ahora incluía el juego de la ruleta, una innovación traída de la Francia revolucionaria.

Barbaja —un camarero de café y jugador de billar casi analfabeto— fue el primer concesionario de la ruleta; él, Crivelli, los Villa, y otros que formaron sociedades que fueron cambiando de miembros, consiguieron la dirección de La Scala y la gobernaron durante todo el período de guerra, hasta el mismo año 1814; después de un período de crisis (el gobierno restaurado de los austriacos abolió de nuevo el monopolio del juego), volvieron a tenerlo en varias ocasiones a partir de 1823. Eran personajes tenebrosos: Barbaja usó el monopolio, cuando lo tuvo, para sacar tajada del juego privado no autorizado; Crivelli alquilaba matones para propinar palizas a un hombre que le había obligado a pagar una deuda. Sin embargo, Barbaja, al menos, a pesar de todo su analfabetismo y su fanfarronería, era un hombre de gusto que producía ópera y ballet en gran escala; el dinero de la ruleta financiaba espectáculos lujosos con escenografías magníficas. Esto, unido a la prosperidad de Milán, su público de clase media, y su eclosión después de las guerras como centro principal de la vida intelectual italiana, hizo de La Scala el primer teatro de ópera de Italia.

El teatro y la red de callejuelas que lo circundaba desplazaron ahora a Bolonia y Nápoles del corazón de la vida musical italiana y de la profesión operística. Hasta qué punto era un área densamente edificada no podemos imaginarlo hoy: una buena parte del barrio desapareció medio siglo más tarde cuando se edificó la Galleria Vittorio Emanuele. En esa zona vivían cantantes, empresarios y editores; Bellini también encontró alojamiento a la vista del teatro.

La ópera, galvanizada por el éxito de Rossini, se lo llevaba todo por delante. La música eclesiástica estaba en decadencia. El público se interesaba poco por la música instrumental y conocía pocas cosas de la escuela vienesa; como máximo, el primer violín de la orquesta de La Scala tocaba cuartetos de cuerda con unos pocos amigos, y había representaciones ocasionales de la *Creación* de Haydn y de algunas de las obras más sencillas de Beethoven.

La Scala y, al fondo, la Contrada Santa Margherita, donde Bellini se alojó en su primera estancia en Milán (Museo Teatrale alla Scala, Milán).

Las temporadas de ópera formaban el corazón de la vida social de la aristocracia y de la nueva clase media: era el lugar donde comían, bebían, murmuraban y encontraban a sus amigos. Las temporadas principales eran las de Carnaval (en su sentido tradicional, que formaba una temporada de invierno que iba del 26 de diciembre al inicio de la Cuaresma), la de primavera y la de otoño. En cada una de estas temporadas, un teatro del prestigio de La Scala se esperaba que estrenara al menos una ópera nueva y, más frecuentemente, dos; los miembros del público esperaban las obras nuevas y, si las aprobaban, podían ir a verlas veinte o más veces. Estas obras nuevas eran producidas con un calendario rápido y exigente por artistas la mayoría de los cuales pasaban el resto del año siguiendo el circuito operístico italiano. Este circuito comprendía ahora todas las ciudades principales del norte y del centro de Italia, Nápoles, las ciudades sicilianas y los teatros principales del extranjero —Viena, París, Londres y las de la Península Ibérica.

Los horarios de ensayos y composición musical eran más cercanos a lo que era la vida de los estudios de Hollywood en los años 1930 que lo que se lleva en los teatros de ópera de hoy en día. Un compositor novel empezaba habitualmente, como hizo Donizetti, escribiendo óperas para teatros de segunda categoría. A principios de diciembre habría terminado la ópera y a la vez ensayado para inaugurar la temporada el 26 de diciembre, planeado otra para la temporada de primavera en otra ciudad, y discutido una tercera para el otoño en un lugar distinto; podía incluso trabajar en un cuarto título para una de las temporadas de verano organizadas por las ferias comerciales. Una producción normal consistía en tres o cuatro óperas al año. Bellini no solo se saltó esta etapa, sino que compuso por término medio una sola ópera al año.

¿Cómo consiguió llegar a La Scala de un solo salto? Después de algunas dificultades iniciales con su contrato —el comité supervisor puede haber puesto algunos obstáculos a admitir a un principiante—, los socios milaneses de Barbaja lo pusieron en contacto con el mejor libretista disponible, Felice Romani, y los dos se pusieron a trabajar en una ópera para la temporada de otoño de 1827: la que más tarde fue *Il pirata*. Barbaja simplemente había decidido apostar por ese compositor prometedor después de haber oído sus óperas de estudiante —si no fue después de *Adelson e Salvini* en 1825, después de *Bianca e Fernando* en 1826.

Tenía buenos motivos para ello. *Adelson*, puesta en escena profesionalmente por primera vez en 1985, es una ópera muy bien acabada, aunque tiene poco de lo que usualmente se considera belliniano, a pesar de que se advierte aquí y allí su voz característica. Su orquestación original, marcada, graciosa y variada, nos muestra a un compositor joven que había estudiado buenos ejemplos y no confiaba en el ruido para causar efecto. Es una ópera que desmiente la opinión común a fines del siglo XIX de que Bellini era un melodista ingenuo que no sabía manejar una orquesta. La disposición de la obra demuestra un buen sentido escénico, aunque el gran clímax —la escena del incendio, al final del segundo acto, dura demasiado. La música vocal es eficiente en gran parte, más que bien caracterizada, pero la romanza final del tenor con el coro y sobre todo el aria inicial de la soprano ("Dopo l'oscuro nembo", luego adaptada como aria de entrada de Julieta en *I Capuleti*), tiene todas las huellas bellinianas —"largas, largas, largas melodías ondulantes que parecen autoalimentarse y renovarse; la última sección del dueto Adelson-Bonifacio tiene un verdadero impulso en su ritmo anapéstico y giros llenos de inventiva. La influencia de Rossini se hace patente en el melisma inhabitual y en el crescendo, pero la deidad que preside la obra es Paisiello.

El problema de *Adelson* no está tanto en el libreto como en el género. La historia original francesa procedía de la moda de los años 1770 del *Sturm und Drang*, una forma temprana de Romanticismo. En una Irlanda de fantasía, donde un bandolero vengativo está al acecho, dos amigos íntimos disputan por una mujer, uno de ellos la mata, y todos acaban mal. Para meter esta historia a la fuerza en un libreto "semiserio" italiano el libretista adocenado Andrea Leone Tottola —trabajando para un compositor más antiguo— lo había trufado con dialecto de comedia y le había pegado un final feliz absurdo. Los cambios de tono se hacen evidentes; el género había pasado de moda ya en 1825 y nunca había vuelto a reaparecer. Bellini revisó su *Adelson*, quizás en 1826, para un teatro comercial, pero pasar el diálogo hablado a recitativo e italianizando la comedia napolitana solo hizo más evidentes sus fallos; no fue representada. Entonces recicló algunos números y los introdujo en sus cuatro óperas siguientes[4].

Bianca e Fernando también peca de haber perpetuado un género pasado de moda, en esta ocasión la "ópera de rescate". El tema de un personaje noble salvado de la prisión, y tal vez de la muerte, a manos de un tirano fue puesto en circulación por la Revolución Francesa: de las muchas obras que inspiró, es *Fidelio* de Beethoven la única que sigue representándose. En ella es una esposa heroica y amorosa la que despierta emociones básicas, pero en el libreto de *Bianca*, escrito por un joven aficionado napolitano, Domenico Gilardoni (y sacado de una obra teatral), Eros no aparece por ninguna parte; todo lo que ofrece es un padre rescatado por su hijo y su hija.

Bellini escribía ahora para los cantantes más importantes de su tiempo: Henriette Méric-Lalande y G. B. Rubini cantaron el estreno diferido de esta ópera en Nápoles; en el verano de 1828, después del triunfo de Bellini con *Il pirata*, Adelaide Tosi y Giovanni David —originalmente contratados para cantar los principales papeles en Nápoles— inauguraron el nuevo Teatro Carlo Felice de Génova con una versión revisada en gran parte, pero no sustancialmente alterada ni en carácter ni en calidad. Ambas versiones obtuvieron un buen éxito, en Génova después de un inicio un tanto dudoso, pero ninguna de las dos llegó muy lejos en el circuito operístico; de nuevo, Bellini usó material de esta ópera en obras posteriores.

En *Bianca*, el joven compositor tuvo que trabajar sobre las nuevas estructuras diseñadas por Mayr y otros y codificadas por Rossini. Aquí la unidad básica es el aria doble. Empieza como regla general con un reci-

---

[4] La primera versión de *Adelson e Salvini* era en tres actos (un arreglo decididamente pasado de moda en aquel momento); la segunda versión era en dos; la orquestación de ambas versiones muestra diferencias. Ninguna nos ha llegado completa, aunque hay una partitura de canto impresa de la segunda versión, la cual, a su vez, no corresponde del todo a las secciones manuscritas de la partitura completa revisada. Véase E. Failla, "Adelson e Salvini, prima versione", en *I teatri di Vincenzo Bellini*, Catania, 1986, págs. 15–28; F. Lippmann, "Vincenzo Bellini e l'opera seria del suo tempo", en Adamo y Lippmann, *Vincenzo Bellini*, págs. 446–451, 525–530.

tativo acompañado que crea un ambiente, y que continúa con un *canta-bile* (emoción que se trata y luego se suspende); después de un breve pasaje intermedio —en el que interviene alguien, tal vez el coro, trayendo noticias o cambiando de algún modo la situación—, se descarga el sentimiento acumulado en una (habitualmente) cabaletta más rápida, que se repite con la posibilidad de exhibir una ornamentación añadida y, a menudo, con una coda insistida diseñada para arrancar el aplauso. El mismo esquema, en una forma más compleja —rápido-lento-rápido, meditación y resolución— da forma a los duetos y a otras escenas de conjunto, así como al clímax del gran *finale* que generalmente cierra la primera parte.

Bellini demostró que sabía adaptarse a la rutina, pero en la rutina es donde se queda la mayor parte de su *Bianca*. La obertura, con una angustiada figuración para la cuerda sobre un bajo obstinado, tiene un empuje real; otros pasajes que debieran incrementar la tensión, como el trío del reconocimiento, son claramente inadecuados. La influencia de Rossini introduce *crescendi* y cascadas de ornamentación vocal en el aria de entrada de Bianca; para mejorar el efecto, a veces intenta usar las nuevas estructuras para crear un drama de música continua. Se pueden apreciar las huellas de Bellini de nuevo; la "anilla más fuerte" es realmente fuerte —y se halla ya en la versión original. Es la romanza de la soprano protagonista en sol menor "Sorgi, o padre" (con un emotivo acompañamiento de clarinete y arpa y breves intervenciones de la contralto). La melodía intensa, sinuosa y vagamente popular se abre al final, evitando una y otra vez la cadencia en el último momento, cuesta arriba hasta un do mayor, dejando el tiempo en suspensión hasta que el tono menor vuelve a un pathos más profundo. Había aquí una voz nueva[5].

Con estas dos obras a su espalda, el joven compositor necesitaba unas condiciones favorables para causar un impacto decisivo en La Scala. Esto quería decir buenos cantantes y un libreto bueno; en 1827 esto quería decir, además, un vehículo para transmitir las emociones altamente románticas que los públicos italianos habían empezado a preferir.

Casi no tenemos noticias acerca de los meses transcurridos entre la llegada de Bellini en abril de 1827 y la noche del estreno de *Il pirata*, el 27

---

[5] El instrumento solista que introduce "Sorgi, o padre", era originalmente un clarinete, reemplazado en 1828 por una flauta, con la flauta y el clarinete retomando la melodía del aria en lugar del corno inglés original. El material nuevo principal en 1828 se encuentra en la particela de Bianca (cavatina del acto I, y escena final y aria en el acto II). El allegro de la cavatina y un nuevo coro pasaron más tarde a *Norma*; hay más detalles sobre esto en Lippmann, en Adamo y Lippmann, *Vincenzo Bellini*, págs. 452-455, 530-532.

de octubre. Quizás no tuvo que insistir en que los cantantes fueran buenos —la soprano y el tenor de la *Bianca* de Nápoles, la Méric-Lalande y Rubini, estaban contratados en La Scala junto con el supremamente elegante bajo-barítono Antonio Tamburini—, pero si actuó como haría después, debió influir de algún modo tanto en la elección de Felice Romani como libretista como en el tema romántico.

Romani y Bellini colaborarían a partir de ahora en todas las óperas del compositor excepto una. Su trabajo, se ha dicho, era el de un equipo perfecto. Esto también es, sin embargo, en parte un mito. Sus difusores fueron el mismo autopropagandista Romani en su necrológica dedicada a Bellini y, mucho más tarde, la viuda de Romani y Florimo. Los motivos de la viuda estaban muy claros y el papel exagerado que ella le concedió a su esposo generalmente se da por descontado. Sin embargo, se ha creído a Florimo; hemos visto cómo inventó material nuevo en el que Bellini aparece adulando a su libretista cuando nunca había hecho tal cosa. El motivo que pudo tener Florimo es oscuro: tal vez sus invenciones satisfacían su sentido del dramatismo.

El asunto no está del todo claro. Por un lado, sabemos por las cartas auténticas que Bellini concedía un alto valor a Romani y estaba deseoso de trabajar con él. Incluso cuando tenía muchos motivos para quejarse del comportamiento de Romani, señalaba en una carta a una tercera persona que no estaba involucrada en el asunto el mérito principal del libretista —"la excelente dicción de Romani, clara y sin embargo nada común... hace vibrar y toca el corazón" (1 de julio de 1835). Bastante al principio, cuando Bellini apuntó posibles temas para una ópera y Romani escogió *La straniera* como el más razonable, esto bastó para dirimir la cuestión: "no puede uno echarse atrás con Romani" (24 de septiembre de 1828). Por otro lado, tenemos que descartar como sospechosas las expresiones atribuidas a Bellini (y que todos sus biógrafos citan) en sus "cartas" a Florimo de cuyos autógrafos nunca se ha visto ninguno[6].

Lo que hacía Bellini con las palabras de un libreto de ópera era crucial para su éxito: su modo de tratar el italiano es tan distinguido como el de

---

[6] Para comprender bien a Romani, se adelanta mucho con la tesis doctoral de Alessandro Roccatagliati "Felice Romani librettista", Universidad de Bolonia, 1993. De sus hallazgos se deduce que Emilia Branca, viuda de Felice Romani, en su libro *Felice Romani e i più reputati maestri di musica del suo tempo*, Turín, 1882, era más fiable en los hechos que explica de lo que se ha admitido a veces, aunque hinchara el papel de su esposo en las carreras de Bellini, Donizetti y otros. Véanse también S. Maguire, *Vincenzo Bellini and the Aesthetics of Early Nineteenth Century Italian Opera*, Nueva York y Londres, 1989; M. Mauceri, "Inediti di Felice Romani. La carriera del librettista attraverso nuovi documenti dagli archivi milanesi", *Nuova Rivista Musicale Italiana*, julio–diciembre de 1992, págs. 391–432.

Purcell con la lengua inglesa, y eso puede explicar cómo, al igual que Purcell, rara vez es enteramente comprendido por aquellos que no hablan su idioma.

Desde *Il pirata* en adelante, algunos escritores italianos elogiaron su música llamándola "filosófica" porque —al revés que Rossini— nunca dejaba de ser expresiva de las palabras y no las subordinaba a un esquema musical de carácter formal. Bellini nunca se sometió a sus teorías, aunque puede haber tomado buena nota de sus razonamientos. Lo cierto es que nunca comentó ninguna ópera como obra integral de arte; cuando hablaba de sus propias obras, las trataba como una cadena de arias, duetos y otros números, cada uno con sus méritos, problemas y efectos. La única vez que afirmó cómo debía ser un libreto fue la única vez que tuvo que trabajar con un autor distinto de Romani —un poeta sin experiencia teatral, que se mantuvo fiel a las mal llamadas reglas del buen verso. La ópera, le dijo Romani, tenía que proscribir los artificios tanto musicales como literarios:

> Graba en tu cabeza en letras bien marcadas: *La ópera tiene que hacer que la gente llore, se sienta horripilada, y se muera a través del canto.* Es un error querer escribir todos los números del mismo modo, pero todos deben estar concebidos de algún modo para hacer que la música sea inteligible a través de su claridad de expresión, a la vez concisa y *frappante* [impactante] (mayo de 1834).

En otro pasaje famoso, Bellini supuestamente explicó su método: partía de las palabras y las declamaba para sí mismo hasta que una melodía se formaba en su mente. Esta "carta", exhibida por un amigo siciliano, es una falsificación obvia y generalmente reconocida. Sin embargo, varios escritores han mantenido que su sentido es real basándose en que su amigo tiene que haber oído decirle esto a Bellini en una conversación: esto a pesar de que está bien documentada la costumbre de Bellini de componer melodías —lo que él llamaba "motivos", "ideas" o "ejercicios diarios", así como cabalettas enteras— no solo sin texto, sino incluso sin argumento para una ópera, adaptándoles las palabras más tarde, sin mencionar su disposición para cambiar una melodía de un texto a otro muy distinto. Trabajaba a fondo en sus temas y los adaptaba cuando recibía las palabras: "He compuesto algunas frases muy hermosas, que se verán realzadas según el número en el que vayan a parar" (12 de mayo de 1828). "Espero que, cuando tenga el libreto, pueda colocarlas y desarrollarlas para que causen buen efecto" (7 de julio de 1828). Pero también estaba preparado para torturar palabras ya existentes con repeticiones arbitrarias (como en el aria de entrada de Giulietta) para hacer que se adaptaran a una melodía preexistente.

La noción de un Bellini como poeta movido por el aire de las palabras es absurdo. Incluso en la carta auténtica de mayo de 1834 que acabamos de citar, el papel de las palabras claras y de impacto era hacer a la música "inteligible". Bellini parece haber querido decir aquí lo que Verdi describiría más tarde como *parola scenica*, palabras "dignas de la escena" que cristalizarían el sentimiento en una frase musical. La música iba primero. La diferencia entre él y Verdi era que este último compositor, con una educación literaria mucho mejor, podía sugerir e incluso imponer palabras determinadas a su libretista. Bellini sabía las palabras que necesitaba cuando las veía, pero, según parece, no sabía inventarlas por sí mismo.

Para un compositor así, el mayor mérito de Romani era, sin duda, su dicción. Sus palabras fluyen con facilidad y "cantan"; poco abundantes, poco recargadas de adjetivos, nos explican cosas. Más dudoso era su dominio del drama como conjunto. En una carrera de veintiún años como libretista a tiempo completo escribió unos noventa libretos y trató con unos cuarenta compositores. La calidad de su producción, como es lógico, variaba: también era muy notoria su capacidad de tardar más de la cuenta. Romani, sin embargo, siguió una línea de alta calidad. Tenía por modelo a Metastasio, el poeta dieciochesco cuyos libretos habían gozado de un prestigio mucho mayor que el de la mayoría de los compositores que los musicaron; luego trató en vano de publicar sus obras completas como había hecho Metastasio; muchas veces solía ponerle un prefacio a su libreto disculpándose por el efecto que "las inevitables circunstancias" del teatro habían estropeado; la ópera, se lamentaba, era ahora "un niño que había crecido demasiado... el compositor tiene que acostarlo sobre un lecho de Procusto... los cantantes lo revuelven y le dan vueltas a su capricho... y el público lo despedaza miembro por miembro como hicieron con Orfeo las Bacantes con sus manos". Estas alusiones reflejan el hábito clasicista de la mente de Romani: aunque escribió libretos basados en las obras tempestuosamente románticas de la nueva escuela francesa, hizo cuanto pudo por mantener el ideal clásico de mesura y contención.

La ópera, sin embargo, había cambiado radicalmente desde los tiempos de Metastasio. Romani podía considerarse a sí mismo como un poeta, pero en la práctica tenía que trabajar como un escritorzuelo. La causa de todo era la transformación rossiniana. Había traído consigo una forma nueva y más breve de libreto, con menos recitativos y más números de conjunto (en los que las palabras se perdían). También provocó un ritmo más rápido de producción, así como el culto a la novedad y a la sorpresa: un libreto tenía, como norma, que estar escrito en cuarenta días, y solo se podía poner en música una o dos veces. Los repartos tenían menos protagonistas (tres o cuatro, en vez de los cinco o seis de Metastasio) que podían variar de pronto y requerir cambios de arriba a abajo. Romani se dio por enterado exigiendo saber de antemano el reparto antes de escoger un tema o de ponerse a escribir; incluso así tenía a veces que escribir palabras nuevas para adaptarse a una música preexistente, una actividad incongruente con su pretensión de ser un poeta metastasiano. Pero mientras la moda de la ópera hizo aumentar los honorarios de los cantantes y de los compositores, no supuso un incremento para los libretistas. A Romani se le pagaban por término medio algo menos de 750 francos por un libreto, y nunca más de 1.000 (comparémoslo con los 5.000 francos de Rossini por su *Semiramide* en 1823, una cifra que Bellini doblaría y más en 1831). Los teóricos podían continuar disputando sobre la primacía de las palabras, pero el mercado de la ópera ya había dado su veredicto.

La tensión afectó a Romani. Un artesano que reescribía sus textos incluso cuando no se le exigía se excedió en su aceptación de este trabajo mal pagado; cuando tenía cuatro o cinco libretos en marcha a la vez, el resultado era que varios compositores se desesperaban, entre los cuales, en varias ocasiones, Donizetti y Bellini. Cuando Bellini llegó a su segunda colaboración con él (sobre las partes revisadas de *Bianca e Fernando*), Bellini sentía ya la ansiedad que después expresaría una y otra vez —"si no me da palabras, yo no podré escribir la música". No servía de nada que Romani tuviera siempre explicaciones especiosas a mano: el retraso, afirmaría indignado, siempre era por culpa de alguien y no suya.

Romani hizo pasar malos ratos a los compositores. El que volvieran a colaborar con él demuestra la estima en que tenían su trabajo. Bellini también: cuando Romani estuvo enfermo, se sentía "desesperado de miedo de que me pudieran asignar a otro poeta" (27 de septiembre de 1828). Sin embargo, le gustaba decir que Romani trabajaba mejor para él que para otros compositores porque *él* era quien le hacía pasar un mal rato a su libretista. Un libreto escrito para Pacini era "insípido"; uno escrito después para Donizetti, *Lucrezia Borgia*, había sido "escrito para un compositor que no *creaba problemas* como lo hacía Bellini, quien hacía *escribir y escribir* al pobre Romani ¡¡¡y lo llevaba así a la desesperación!!!" (23 de enero de 1834). Esto puede que no lo dijera para autoalabarse; el de *Lucrezia* es un libreto pobre, y es cierto que Bellini adquirió durante un tiempo un ascendiente único sobre Romani, a pesar de que era un artista ya establecido y trece años mayor que él.

Romani tuvo tratos con Bellini —como ha demostrado Alessandro Roccatagliati— como con ningún otro compositor excepto Meyerbeer, un hombre rico que era la excepción de todas las reglas. Sus tratos fueron especiales de tres maneras. En primer lugar, Bellini desempeñaba un papel importante en la determinación de la estructura de una ópera. En segundo lugar, él y Romani trabajaban juntos en el contenido y la versificación de los números individuales, tales como las tres sucesivas versiones de la cabaletta de "Casta diva", en *Norma*, cada una de ellas en un ritmo distinto; algunos esbozos fueron en parte escritos con letra de Bellini, lo que nos indica que no se limitó a pensarlos, sino que él y Romani compartían el mismo escritorio. Y por último, Romani casi desde un principio accedió a escribir palabras para melodías preexistentes de Bellini, un trabajo que él comparó —después que los dos se hubieron separado— a una tortura.

No se sabe quién escogió el tema de *Il pirata* para el debut de Bellini en La Scala. La práctica habitual de Romani era adaptar alguna obra francesa reciente; la elección a veces era suya, a veces del compositor. Esta vez recayó en una adaptación francesa del *Bertram* de Charles Maturin, un drama inglés, en parte gótico, en parte romántico. Aunque Romani le quitó violencia y Bellini eliminó las versiones más salvajes del final (el protagonista saltaba desde un puente, o este se hundía bajo su peso), lo que quedó era romántico en el sentido de que llevaba a los personajes a pasiones extremas. Como ha observado Friedrich Lippmann, "de su boca [de Gualtiero] no oímos ni una sola palabra que exprese una proposición razonable".

De otra manera, la historia era romántica: evocaba un tiempo lejano y un lugar remoto (un castillo siciliano junto al tempestuoso Mediterráneo durante las guerras del siglo XIII); nos presentaba un héroe predestinado parecido a los proscritos de Byron, un noble que se ha convertido en pirata y que descubre que su amada se ha casado con su enemigo; él acaba ejecutado y ella cae en la locura. Como es usual en la ópera italiana, sin embargo, la historia y el color local quedaban ocultos en una nota a modo de prefacio que el público podía leer o no. Lo que quedaba era una vaga atmósfera medieval evocada por la amenazadora escenografía. El momento dramático culminante era la escena en la que Gualtiero amenaza con matar al hijo de Imogene; tuvo tanto éxito que Romani y Bellini —como personajes de Hollywood encantados con el último giro argumental de un *western*— lo repitieron unos pocos meses después en la nueva versión de *Bianca e Fernando*.

Si Bellini ayudó en la selección del tema, estaría en consonancia con lo que sabemos de su conducta años más tarde. El libreto, escribió entonces, era "el fundamento de la ópera"; escoger el relato había sido más difícil que escribir la música; la dificultad estribaba en hallar temas que ofrecieran "novedad" e interés (14 de febrero [abril] de 1834). En su tiempo, "novedad" e "interés" querían decir temas románticos. Cuando en 1829 Bellini tenía que escribir una ópera para el nuevo teatro de Parma, sorprendió a un pomposo funcionario de mentalidad clásica y que se creía libretista:

> El gusto de este maestro [escribió indignado el funcionario] se inclina por lo romántico y lo excesivo. Me dijo que el género clásico era frío y tedioso. Me llevó a la tienda de grabados de Vallardi para mostrarme algunas litografías que le parecían admirables, una en particular en la que aparece un padre cuyos hijos son asesinados ante sus mismos ojos, señalando esta escena como modelo del más sublime efecto teatral. Encuentros antinaturales en medio de bosques y tumbas, y otras cosas semejantes, son las situaciones en las que se complace.

Bellini podía haber estado tomándole el pelo, pero compartía el gusto contemporáneo por estas "cosas semejantes". Incluso Romani le dijo al empresario de Parma que la música moderna exigía "situaciones fuertes, con un toque de lo fantástico". En la práctica, él y Bellini, en sus dos primeras colaboraciones, tomaron al máximo el camino de "lo romántico y lo excesivo", quizás porque entonces esto era en Italia el último grito; después, ambos artistas escogieron limitar las "situaciones fuertes" de un modo clásico renovado. La muerte de Bellini dejó la sangre y los truenos para la carrera posterior de Donizetti y de Verdi.

Il pirata es la primera de las óperas de Bellini en las que habla casi durante toda la obra en su voz individual. Rossini apenas aparece; un crítico alabó la obra por haber vuelto a una "hermosa simplicidad", pero también abría caminos nuevos. Aquí Bellini consiguió por primera vez una línea de canto declamatoria, poco ornamentada, fuertemente expresiva de las palabras, y apoyada por un uso evocativo de la orquesta. El recitativo se desliza hacia el arioso, a ratos, como en la escena de la locura de Imogene, altamente dramática. No es extraño que fuera el compositor italiano más valorado por Wagner. Un pasaje justo antes del dueto del acto I ("Perché cotanto io prendo") es sorprendentemente "wagneriano". Imogene, que todavía no ha reconocido en el capitán náufrago a su antiguo amante, se pregunta por qué siente tanta piedad. Frases secuenciales de la orquesta se reparten entre su línea de declamación; nos ofrecen la agitación y el dolor que ella todavía no reconoce en sí misma. Este parecido al uso psicológico que Wagner hizo de la orquesta no ocu-

Escena de *Il pirata:* Gualtiero amenaza con matar al hijo de Imogene
(Civica Raccolta Stampe, Milán).

rre por casualidad: Wagner, que en su juventud había dirigido dos óperas
de Bellini y había oído otras, indudablemente aprendió de él. El modo de
Bellini de hacer que la voz en tales pasajes sea el actor solitario se parece
al método de la tragedia griega tal como los críticos italianos de entonces
la imaginaban; creían que el actor trágico había cantado durante todo el
pasaje para dar a las palabras la máxima expresión; la orquesta de Bellini
reemplazaba al coro griego como comentador. En el *Anillo* de Wagner la
noción de la tragedia renacida llega a su esplendor.

La mayor parte de *Il pirata* no es wagneriana, por supuesto. Sus pasajes más excelentes introducen en las formas italianas de entonces una rara
mezcla de energía y pathos. Así, por ejemplo, las arias de entrada de
Gualtiero y de Imogene, su dúo, apasionado, grandioso y magníficamen-
te articulado, el trío del segundo acto y la escena de la locura al final
—precisamente los números más aplaudidos en la noche del estreno.
Gracias a Rubini, el papel de Gualtiero tiene una tesitura alta que revela
su continua excitación; contribuyó a hacer brillar a Rubini, pero hoy en
día es difícil de hallar quien lo cante. Tanto este como el de Imogene tienen una coloratura tremenda, dramáticamente adecuada para su estado

de sobreexcitación. La escritura orquestal es variada: en el dueto va desde un sencillo comentario "palpitante" a un ritmo rápido e impulsor de un *ostinato* y hacia el tenso "Pietosa al padre", con la orquesta proyectada hacia delante y las voces expandiéndose, como corresponde a una ansiedad enfrentada a un amor no confesado.

La última escena desarrolla una despliegue sencillo pero magistral de medios instrumentales: una introducción para trompa, el prolongado lamento del corno inglés con arpa (¿acaso inspiraría el lamento del campesino en el acto III de *Tristán e Isolda?*), una figura impulsiva, extrañamente sencilla de cuatro notas para la cuerda, y un oboe siguiendo la línea del aria, señalan la desolación de Imogene.

Entre las huellas bellinianas se encuentran el sentido de flujo emocional entre las estrofas de la primera aria de Gualtiero, una serie de modulaciones desde el sol menor, a través de varias tonalidades, mayores y menores; la noble línea de los recitativos-ariosos de Imogene; el andante contrapuntístico del final del primer acto, que combina distintas emociones pero satura a la música por completo; la melodía que flota y pone en marcha el trío y, en la escena de la locura, tanto la melodía "inextinguible" del corno anglés como el seráfico *cantabile* del aria. La música mejor nos habla del amor recordado en tiempos de dolor (a veces en sueños), una emoción esencialmente belliniana.

Si la música de *Il pirata* tuviese toda este nivel, sería mejor conocida. Buena parte del papel de tirano del barítono está escrita en cuatro por cuatro (aunque un buen cantante podría sacarle jugo al dueto), al aria de Gualtiero del segundo acto le falta carácter, la marcha y algunos pasajes rápidos son triviales, algunos acompañamientos doblan descaradamente las voces, y el coro, que tiene un papel extenso, se dedica por dos veces a hacer "interesantes" efectos de eco y pausa que se consideraban inteligentes en la época, pero ahora nos revelan a un joven que está "luciéndose" para salir del anonimato. Aun así, las emociones son fuertes y claras, y la obra tiene un impulso que podría devolverla a los teatros de ópera si se pudieran encontrar los cantantes adecuados (un "condicional" muy poderoso).

Il pirata fue inmediatamente un éxito clamoroso. Bellini, tocando el continuo [todavía era costumbre hacerlo en las tres primeras representaciones], se sintió sobrecogido por los aplausos y estalló en sollozos convulsivos. "Alegraos, sí, alegraos", le escribió a su familia (29 de octubre de 1827). La alegría no se interpuso en el camino de una apreciación sensata. Su situación se había transformado: decidió entonces y allí mismo quedarse en Milán. Si hubiese vuelto a Nápoles habría dependido de un solo teatro y de un solo empresario dominante; el norte ofrecía más posibilidades de seguir adelante.

Giuditta Pasta

Cantante di Camera di S. M. I. R. A.

Giuditta Pasta en un papel de heroína (Civica Raccolta Stampe, Milán).

Su triunfo con *Il pirata* le abrió las puertas de la buena sociedad, primero en Milán y después en Génova, cuando la versión revisada de *Bianca e Fernando* inauguró el nuevo teatro de ópera el 7 de abril de 1828: Bellini conoció a los Litta y los Visconti en Milán, a los Pallavicino y los Doria en Génova —la más alta aristocracia. En Génova trabó amistad también con la sobrina de Napoleón, esposa del político británico Lord Dudley Stuart. Estas relaciones, sobre todo con damas, eran quizás superficiales. Había algo del antiguo patronazgo en todo esto: el compositor dedicó la partitura de canto de cada ópera a una duquesa o condesa, y recibió un valioso reloj en señal de gratitud. Un amigo más auténtico de la clase alta —Bellini no lo conoció hasta 1829— era Alessandro Lamperi, un joven funcionario del gobierno piamontés en Turín; la amistad se basaba en una pasión compartida por la música.

Mucho más importante resultó para Bellini la familia adventicia que su maestro Zingarelli le presentó en Milán. Francesco y Marianna Pollini eran músicos que pasaban de los sesenta años, sin hijos; él era profesor de piano, ex cantante y un compositor menor; ella era cantante y arpista. Bellini pronto empezó a entrar y salir de su piso cada día, se quedaba a menudo a comer, aceptaba sus consejos en cuestiones grandes y pequeñas y, más tarde, fue cuidado por ellos durante una enfermedad grave; se convirtió en su "queridísimo hijo". Sus pocas cartas conocidas, en su mayor parte dedicadas a dar noticias teatrales, dan poca luz sobre su personalidad. Parecen haber sido gente afectuosa, dispuesta a ayudar —lo que Bellini necesitaba.

Otra pareja con la que trabó amistad, mucho más próxima a su edad, eran la gran cantante milanesa Giuditta Pasta y su marido Giuseppe, un abogado agradable que había dejado correr una carrera de cantante para administrar la de su esposa; según una de las informaciones menos sospechosas de una carta publicada por Florimo, Bellini estaba en buenas relaciones con ellos en agosto de 1828.

La Pasta, entonces en la cumbre de su fama como incomparable cantante y actriz, tenía una base en Milán y una villa junto al Lago de Como, aunque cantaba principalmente en Londres y en París. Llevaba una vida familiar respetable (lo cual no podía decirse siempre de una *prima donna*) y tenía muchos amigos y se interesaba por otras cosas aparte del teatro (lo cual no podía decirse casi nunca de una *prima donna*). Algunos de estos amigos eran liberales y sus simpatizantes intelectuales del extranjero, como el novelista Stendhal. Su personalidad parece haber sido tranquila, sin hacerse notar, excepto por su costumbre de cambiarse de sexo ella y su marido en los apodos y los pronombres que usaban para hablarse; las connotaciones sexuales de esto debían ser inconscien-

Giuditta Turina. Pastel de Luigi Bianchi (Museo Belliniano, Catania).

tes. Su gran amor era su hija Clelia, que tenía diez años en 1828, y a la que estaba determinada a proteger del mundo del teatro: algo que le debió de importar a Bellini cuando, unos pocos años más tarde, siendo Giuditta ya su mejor intérprete, pensó en casarse con Clelia.

Una de las personas que la Pasta conocía era otra Giuditta, una mujer que tenía veinticinco años en 1828 y que procedía de una familia de ricos lombardos burgueses, los Cantù, y que se había casado con el miembro de otra, la de los Turina. En la Lombardía de esta época, que se iba industrializando lentamente, las familias como estas combinaban la posesión de tierras y sus profesiones con empresas de carácter económico; el marido de Giuditta, Ferdinando Turina, poseía una manufactura de seda en el terreno familiar de Casalbuttano, en las llanuras de la Baja Lombardía; los Turina y los Cantù tenían villas en el Lago de Como, cerca de la que la Pasta tenía allí. Bellini conoció a Giuditta Turina en abril de 1828 a través de un conocido de la nobleza en Génova; en septiembre ya era su amante —la única que conocemos por su nombre. La relación duraría hasta 1833, y no acabó de romperse del todo hasta un año más tarde.

Esta relación, que podríamos considerar la más crucial de la vida de Bellini, se nos escapa extrañamente. La razón es en parte que Florimo destruyó tantas cartas (y Turina tiene que haber destruido otras muchas). Pero incluso cuando la Turina y Bellini tratan de explicarse en las cartas que los han sobrevivido, nos dan más perplejidad que información. Las explicaciones vienen después de la ruptura: tal como suele suceder, particularmente cuando los amantes que se han separado no están habituados a buscar sus propios motivos: parecen sacar a luz pretextos sin darse cuenta; la historia no suena a cierta.

Florimo, sin embargo, eligió no solo guardar, sino publicar, once años más tarde de la muerte de la Turina, dos cartas en las que Bellini le explicaba cómo había comenzado la relación. Seguramente deseaba presentarlo en el momento en que estaba empezando y echar un velo sobre el resto.

Cuando los dos estaban empezando a enamorarse, pero todavía no habían iniciado la relación, Bellini escribió que en Milán muchos nombres de mujer habían sido vinculados erróneamente al suyo: todo lo que había ocurrido eran "algunas pocas *escapadas,* pero ligeras, cosas de poca duración, y podríamos decir que ya olvidadas, porque no puse en ello mi corazón". No estaba seguro de lo que ocurriría con su amor naciente, pero en todo caso seguramente "me salvaría de una pasión por una muchacha soltera, lo que podría atarme para la eternidad" (30 de junio de 1828).

Tanto la ligereza de las "escapadas" como el temor de caer en un matrimonio inadecuado son característicos: aparecen en otras cartas a Florimo. Lo primero podemos creerlo en seguida. Aunque la noticia no habría sido bien recibida en Catania, Bellini tal vez no tenía una vida sexual muy intensa. A su tío y a Florimo les escribió que le disgustaba la "vida baja"; siempre había evitado la gente disoluta, las casas de juego y los burdeles. No tenemos por qué dudarlo. Era meticuloso en su vida como en su modo de vestir. Ni tiene ningún sentido (al menos hasta sus años finales en París) que nos preguntemos quiénes eran las mujeres afectadas. Los rumores que circulaban en la época, principalmente sobre cantantes, no tienen base. Las verdaderas personas, que siguen sin tener nombre, debieron ser discretas; las escapadas fueron sin duda ligeras y pocas.

Dos años después de la muerte de Bellini, Heinrich Heine, que lo había conocido superficialmente en París, sacó a la luz una obra maestra de la perfidia, digna a la vez de un gran poeta y de un precursor del periodismo popular actual. Incluso en una época menos sexualmente obsesa que la nuestra no debió de dejar de evocar una imagen de afeminamiento. Heine pretendía que le habían preguntado si Bellini era guapo, y había contestado que "no era feo".

Tenía una figura alta y delgada que se movía de una manera grácil, casi diría coqueta; siempre muy bien vestido; la cara regular, larga y rosácea; el pelo rubio claro, casi dorado, ligeramente rizado; la frente noble, alta, muy alta; la nariz recta; los ojos de un azul pálido; la boca bien cortada; la barbilla redonda. Sus rasgos tenían algo en ellos de vago y falto de carácter, un poco como de leche, y esa cara lechosa a veces se torcía en una mirada agridulce de tristeza. Esta mirada triste en la cara de Bellini compensaba su falta de espíritu, pero era una tristeza sin profundidad; brillaba sin poesía en sus ojos; temblaba sin pasión en torno a sus labios. El joven maestro parecía desear que esta hueca y lánguida tristeza se hiciera visible en toda su apariencia. Su cabello estaba peinado siguiendo la moda romántica; su ropa se ajustaba a su frágil cuerpo de un modo tan lánguido y él llevaba su bastoncito de malaca de un modo tan idílico, que siempre me recordaba a los jóvenes pastores de nuestras obras pastorales vestidos con trajes ornados con cintas, con chaquetas de color pastel y calzones. Y su porte era tan de muchacha, tan elegíaco, tan etéreo. La criatura en conjunto parecía un suspiro con zapatillas de baile.

Más que una descripción, esto era un asesinato por parte de un poeta inclinado hacia el satanismo. La princesa Belgiojoso, sin embargo —la exiliada italiana en cuyo salón Heine había conocido a Bellini— recordaba de un modo más ingenuo la imagen de Bellini como "redondeada, afeminada, aunque sumamente elegante. Su persona entera se hallaba en armonía con sus tiernas y soñadoras composiciones".

¿Cuánto de todo esto procedía de la fijación general en Bellini como "artista elegíaco"? Posiblemente mucho. Las cartas auténticas de Bellini distan mucho de ser soñadoras o lánguidas; lo mismo puede decirse de su obra. Pero la Belgiojoso (quien, como otra anfitriona parisiense, lo llamó "infantil") puede haber captado una identidad sexual vacilante. Él le dijo que no le gustaba tomar la iniciativa en el amor ("atacar a un corazón 'por estrenar'"; era como domar a un caballo o hacerse a un par de botas nuevas) y que todavía odiaba más el papel de seductor: "Yo quiero que cada uno vaya a la mitad del camino." Esto, comparado con el ideal, no del fin del siglo xx, con su aspiración a la igualdad de hombres y mujeres, sino con los valores de los años 1830 que Bellini (como se ve por otras cosas) aceptaba como lo más natural, supone una cierta inseguridad. A Florimo le escribió acerca de lo muy susceptible que era, pero también de lo pronto que se desenamoraba. Quizás necesitaba un amor cálido, sin preguntas, lindante con lo maternal. Esto explicaría algunos de los problemas con la Turina.

El miedo de Bellini de que su susceptibilidad pudiese hacerle caer en un matrimonio azaroso, y su visión de una relación con una mujer casada con un pararrayos, han hecho que algunos escritores modernos se hayan burlado de él. Las novelas de Balzac nos recuerdan que al principio del siglo XIX el matrimonio burgués era en primer lugar una transacción sobre propiedades y el futuro de la familia; que un hombre joven en ascenso lo demorara, mientras disfrutaba de una relación con una mujer casada para irse formando el carácter, era normal. Bellini en esto era normal; solo que escribió acerca de esto de un modo más franco que la mayoría.

La segunda carta que Florimo publicó se ha hecho famosa. Bellini escribió de nuevo que necesitaba "sentimiento" y que se había cansado rápidamente de las relaciones meramente sensuales. Habló de sus primeros encuentros con la Turina en Génova; ella había estado enferma; él había pasado días en su habitación, se habían declarado su amor y habían pasado horas besándose y abrazándose, pero a ambos les faltaba seguridad acerca de la constancia del otro. Cuando regresaron a Milán llegaron los malentendidos, las frialdades, las explicaciones y las ausencias:

> La semana siguiente ella estaba de nuevo en Milán, donde, a fin de poder estar conmigo, rara vez iba al teatro, y después de muchas noches de discursos amorosos, y abrazos y besos, cogí la flor del amor casi de paso, porque su padre estaba en la casa, y allí estábamos con todas las puertas abiertas: ella dijo en el éxtasis del amor: Bellini, ¿me amarás siempre?, ¿me amarás más cada vez? Le juré que lo haría, que la amaría siempre si lo merecía...

Esta mujer rica, hermosa, atractiva, antes tan sociable —como él mismo dijo— ahora no quería más que estar con él a solas: "todos los signos son de que realmente me ama, mi mente se halla en paz, y parece que la relación es seria...". Terminaba repitiendo que, con su tendencia a enamorarse locamente, "este amor me salvará de algún matrimonio u otro" (27 de septiembre de 1828).

Durante unos pocos años más, se estableció una rutina. Bellini se hizo amigo de ambas familias, los Turina y los Cantù, los veía en Milán y pasaba parte del verano en una u otra villa junto al lago; ocasionalmente visitaba la casa de los Turina en Casalbuttano. Hasta 1832 no lo acompañó la Turina en sus viajes fuera de Milán; se mantenían las apariencias y Bellini le escribía cartas a ella y a sus parientes con la clara intención de que fueran pasadas de unos a otros, en las que aparecía como un simple amigo; a veces él daba recuerdos para "el bueno" o "el impasible" Fernando Turina. Por otro lado, les escribió abiertamente a algunos amigos, como el marido de la Pasta, diciendo que "Giuditta Turina y yo" pasaban el tiempo juntos; una vez, quizás por un lapsus, escribió su nombre como "señora Bellini".

La situación es clara —una situación corriente en las clases altas y medias italianas hasta los años 1950. Giuditta, casada a los dieciséis años, no había tenido suerte con Fernando; el divorcio era imposible; la pareja acordó, quizás tácitamente, vivir y dejar vivir; Fernando le permitía a su mujer viajar con su hermano y pasar tiempo lejos de él; toleraba a Bellini; él, las dos familias y todos los demás sabían o imaginaban lo que estaba ocurriendo, pero hacían la vista gorda mientras no ocurriera nada que obligara a una declaración formal, a una confrontación o a un escándalo. Si algo de esto ocurriera, se habría roto ese delicado equilibrio.

No significa eso que la navegación fuera siempre tranquila. La Turina se vio afectada de enfermedades ginecológicas que le producían intensos dolores menstruales y la tenían en cama durante varias semanas. Al menos una vez (marzo de 1829) sufrió de lo que parece haber sido bulimia —comer en exceso, seguido de vómitos. Esto sugiere que hubo tensiones que no podemos calibrar. La relación, a veces, tiene que haber sido, según las palabras de Bellini, más de "sentimiento" que de "sensualidad".

Por su parte, él tenía sus reservas. Ante Florimo podía dar noticias de la relación que escribió para calmar cualquier posible inquietud: "Estoy increíblemente tranquilo... todavía tengo mi carrera en el corazón... todo [lo demás] es secundario cuando se trata de perder el honor y la fama" (5 de octubre de 1828). Esta determinación de anteponer su carrera —un tema constante durante toda la breve vida adulta de Bellini— no le pasó desapercibida a la Turina: ella le había preguntado, cuando estaban todavía en la etapa de los besos, si la carrera no lo apartaría de ella. A medida que la relación siguió su curso, ella tenía razones para sentirse insegura de su amante, tanto si se lo reconocía como no.

Mientras tanto, la carrera de Bellini seguía en marcha a todo gas. En la primavera de 1828 recibió ofertas de Turín, Venecia y Nápoles, pero acabó firmando el 16 de junio un contrato para otra ópera en La Scala, esta vez para inaugurar la elegante temporada de Carnaval el 26 de diciembre. Significaba —y él lo sabía muy bien— correr un riesgo ante las expectativas que el público de Milán pudiera tener después del éxito de *Il pirata*. Pero cuando llegó el momento, *La straniera* tuvo un éxito aún más desmedido. Bellini y Romani escogieron a principios de agosto una novela gótica francesa del vizconde de Arlincourt, situada en una Bretaña medieval imaginaria. Surgieron problemas. Romani, como de costumbre, iba retrasado, después gravemente enfermo, después se retrasó de nuevo. La primera función tuvo que aplazarse (al 14 de febrero de 1829), pero con el año nuevo Romani se marchó a Venecia para realizar otro trabajo, dejando a Bellini que se ocupara de los ensayos —tarea que habitualmente le correspondía al libretista. Como la ópera era entonces asunto de estado, el gobierno al principio trató de hacer volver a Romani a la fuerza, pero él puso de relieve que no tenía en el contrato ninguna obligación formal. Bellini, como siempre, quería absolutamente tener los mejores cantantes; trató en vano de que le transfirieran a Rubini desde Nápoles, pensó por un momento en dar la parte del amante al barítono Tamburini, pero al final le sorprendió gratamente el tenor Domenico Reina. La *prima donna* para la cual Bellini "cortó a medida" el papel era de nuevo la Méric-Lalande; era una cantante dramática brillante, aunque los contemporáneos no nos han dejado ninguna apreciación adecuada de su labor.

La straniera es la ópera más radical de Bellini. Es a la vez la más violentamente romántica y la más severa en la cuestión de evitar las ornamentaciones vocales. La declamación, generalmente silábica, nos lleva a un arioso que suena como un aria incipiente, pero se niega a desarrollarse en una forma cerrada: Lippmann le llama a esto "la musicalización del recitativo". Las arias a solo son pocas; el tenor no tiene ninguna. La coloratura en el papel principal sirve para introducir en escena a la extraña dama en escena, pero después de esto, el papel es totalmente dramático. El *finale* de la primera parte estalla de modo interesante en breves frases apresuradamente dichas por la heroína atribulada, con solo una cuarteta con aspecto de aria. Todo esto preocupó a algunos críticos, que hablaron de "declamación cantada, o canto declamado", pero el corresponsal del principal periódico de música alemán saludó el valor de Bellini en "devolver la ópera al recto camino abandonando la vulgari-

Felice Romani (Museo Teatrale alla Scala, Milán).

dad"; otros elogiaron su música "filosófica"; todos se dieron cuenta de que Bellini se había apartado limpiamente del estilo florido rossiniano. Berlioz prefería *La straniera* entre todas las obras de Bellini, sin duda por que se acercaba más a su propio ideal.

¿Por qué es tan poco conocida? Fue una obra de repertorio hasta más o menos 1870. Uno de los problemas básicos es su argumento. Los públicos pueden aceptar un argumento salvaje siempre que las emociones queden claras: véase *Il trovatore*. En *La straniera* podrían aceptar al protagonista (Gualtiero era irracional, pero Arturo ha salido de sus casillas), podrían incluso admitir un episodio tan penoso como el del tenor y el barítono ambos cayendo o saltando dentro del lago para reaparecer sensacionalmente en el acto siguiente, si al menos el espectador pudiera adivinar qué es lo que mueve a la protagonista a una continua desesperación. El problema de Alaide es realmente especial: es la ex reina de Francia de incógnito, repudiada, pero ella se considera a sí misma todavía esposa del rey —de lo que resulta que estamos ante otro proscrito condenado a la manera byroniana, pues ella ni puede aceptar el amor ni revelar su secreto. Bellini se dio cuenta en seguida de la "terrible dificultad" de explicarlo; en realidad, era imposible. El prefacio de dos páginas en las que Romani se explicaba no lo vio un crítico, que escribió que nadie podía entender por qué Alaide y Arturo no huían juntos. Bellini, sin embargo, pensaba que las "situaciones" eran lo suficientemente fuertes para impulsar a la ópera por sí mismas. La mayor parte del público estuvo de acuerdo. Rugieron de aprobación: se tuvo la sensación, dijo Tamburini, "como de una revolución".

Hay muy poco en *La straniera* que sea rutina; no hay nada que sea lánguido. En el peor de los casos, la barcarola para el coro que inicia la primera escena es un pretexto inofensivo para crear un cuadro, y la *stretta* que lo cierra suena un poco a hoja de lata. La escritura orquestal es tan variada como la de *Il pirata*, con preciosas introducciones para instrumentos de madera y una figura en *ostinato* para la cuerda baja, que crea un clima opresivo y tonalmente incierto, que corre por debajo del diálogo de Alaide con su hermano y nos da un sentido romántico de lo desconocido. Unas modulaciones frecuentes codifican la inestabilidad que afecta a los personajes. El radicalismo del compositor mantiene en grado suficiente la estructura normal de la ópera italiana de principios del siglo XIX para asegurar que haya una forma sobria, pero la interrumpe una y otra vez en beneficio de una mayor rapidez dramática; un ejemplo de mucho efecto es "Che far vuoi tu?", que de hecho es un trío dialogado (que nos lleva a un cuarteto) y que se desarrolla completamente en arioso, sobre un acompañamiento simple y solemne, pero hay escenas más largas que también parecen compuestas sin solución de continuidad. Las dotes de Tamburini le inspiraron una nueva manera de escribir para barítono, una línea *legato* a la vez meliflua y elocuente; la mejor de ellas es la que inicia el trío "No, non ti son rivale", admirado por Verdi.

Lo mejor de todo es el papel de Alaide. Desde la romanza, el arioso y el dueto que la introducen —la primera impersonalmente preciosa, el último un lamento exquisito que avanza paso a paso por intervalos pequeños— con mucha declamación por el camino hacia la "melodía larga, larga, larga" y la clamorosa energía de su doble aria hacia el final, este es un papel para una actriz y cantante que sea versátil en grado supremo. Si Maria Callas hubiese cantado *La straniera*, la ópera ahora estaría en el mapa. Wagner, en edad ya más avanzada, tocaba temas de esta ópera entre otras piezas de Bellini; después del ataque de reglamento a este tipo de música, decía: "Esto es... pasión verdadera y sentimiento: todo lo que requiere para encantar a la gente es que la cantante adecuada aparezca y lo cante."

El gran barítono Antonio Tamburini en el papel de Valdeburgo, de *La straniera*
(Civica Raccolta Stampe, Milán).

El campeón

EL público estaba tan arrebatado que gritaban "como locos", y en el segundo acto, lo hicieron salir a saludar ante el telón algo nunca visto en un compositor: cinco veces. Estas fueron las noticias que Bellini le mandó a su tío después del estreno de *La straniera:*

> con la ayuda de Dios, confío en estampar mi nombre en los anales... el público es tan amable que me considera un artista innovador, y no como un imitador del arte sobrecogedor de Rossini... dile a todos [los de la familia] que con esta nueva ópera mi reputación alcanza los cielos, y que con mi dedicación incansable confío en elevarla todavía más. Beso vuestras manos... (16 de febrero de 1829).

A los veintisiete años, con solo tres óperas profesionales a su nombre, esta posición la marcaba su capacidad de ganar dinero; como dijo uno de los empresarios más importantes, "el precio tiene que ser el termómetro". Un mes más tarde Bellini exigía, si es que tenía que escribir otra ópera para La Scala, unos honorarios de 10.000 francos —el doble de los honorarios que había batido el récord: los 5.000 francos de Rossini por su *Semiramide*, en 1823. "Si quieren tenerme, tendrán que pagarme esto, porque no lo rebajaré lo más mínimo" (14 de marzo de 1829). Ya después de *Il pirata* había exigido un pago elevado para escribir una ópera para Londres —las negociaciones no habían prosperado— y había puesto su mirada en París, no solo para montar allí *Il pirata* para el Théâtre Italien, sino para componer, como Rossini, una obra francesa para la Opéra.

La apreciación de Bellini acerca de lo que podía conseguir era realista. Obtuvo 10.000 francos por una ópera antes de haber pasado dos años, y obtuvo un contrato para París en el término de cinco. Pero cada vez tuvo que tener antes un fracaso. El de *Zaira* en la inauguración del nuevo teatro de la ópera de Parma (16 de mayo de 1829) fue compensado por el éxito de *I Capuleti e i Montecchi* en La Fenice de Venecia (11 de marzo de 1830). Este éxito hizo, efectivamente, campeón a Bellini —véanse los honorarios que cobró por *La sonnambula* (Milán, Teatro Carcano, 6 de marzo de 1831) y *Norma* (La Scala, 26 de diciembre de 1831), seguidas por el éxito permanente de ambas obras, verdaderos pilares del repertorio del siglo XIX. Luego, el fracaso inicial de *Beatrice di Tenda* (La Fenice de Venecia, 16 de marzo de 1833) preludió un nuevo avance y otro triunfo con la obra de París, *I puritani*.

Aunque Bellini acabó teniendo razón, se había arriesgado. En una forma artística hecha de tantos elementos, muchas cosas podían ir mal. Bellini se caracterizaba no solo por su confianza en sí mismo, sino por su resolución. Él trabajaba más despacio que sus competidores, y apuntaba a recompensas excepcionales, aun a costa de quedarse sin trabajo durante la activa temporada de Carnaval —algo que el folclore de su profesión consideraba como la peor publicidad posible: solo la suerte evitó esta situación en el Carnaval de 1830.

"La inactividad me aburre, el arriesgarme me angustia, me disgusta pasar mucho tiempo sin componer", le contó a Florimo, pero aun así, no estaba dispuesto a escribir para lo que él consideraba una mala compañía de cantantes o por un estipendio inadecuado (9 de junio de 1828). Intentó evitar que la esposa de Rubini —en su concepto, una cantante floja— estuviese en el reparto de *Il pirata* en Nápoles —él pensaba que arruinaría la obra— y se metió en una pelea con el empresario Barbaja. Ceder en estos puntos, escribió más tarde, no hubiera convenido ni a sus intereses financieros ni "a la dignidad de mi carrera" (19 de septiembre de 1831).

Ingenuamente, en apariencia, Bellini explicaba que tenía que cobrar honorarios altos porque él trabajaba muy despacio. "Yo paso tanto tiempo en cada una [de mis óperas] como mis colegas en tres o cuatro" (14 de febrero de 1834). Su actitud real estaba lejos de ser ingenua; ni se trataba tampoco de la de un artesano tradicional que trabajara despacio porque se atenía a la normas de un gremio. Él conocía las reglas del mercado. Barbaja gruñó que Bellini le había hecho pagar un alto precio por *La straniera*, sabiendo que necesitaba con urgencia una nueva ópera; Bellini respondió que si su próxima ópera era un éxito, Barbaja tendría que pagar el doble. El empresario, le escribía a Florimo, "será amigo mío mientras me vayan bien las cosas"; solo el fracaso le haría perder su posición (23 de junio y 6 de agosto de 1828). Esta afirmación era tan exacta para la ópera italiana como lo habría sido años más tarde en Hollywood.

Bellini, de hecho, era un artista moderno consciente que pensaba que debía ser altamente considerado y bien pagado en tanto él entregara buen género. Los compositores de su tiempo adaptaban con frecuencia sus obras para nuevos cantantes o nuevos teatros, ajustando arias ya existentes o escribiendo otras nuevas, pero a Bellini estas tareas le disgustaban; una vez se hubo labrado un nombre procuró evitarlas exigiendo unas tarifas extravagantemente elevadas —un método disuasorio. Ni tampoco pensaba en modo alguno rebajar sus honorarios por una nueva ópera por debajo del nivel de la categoría de campeón: "Nunca rebajaré los precios que he conseguido", escribía (18 de octubre de 1833), "aunque pueda costarme el convertirme en organista y compositor en una Novara u otra" —una alusión a la ciudad mediana del norte en la que su menos afortunado colega Mercadante había ocupado precisamente ese cargo. Algunos compositores se dedicaban a la música eclesiástica cuando se les agriaba la ópera; Bellini lo consideraba claramente una muerte profesional.

Un campeón tiene que derrotar a todos los que se presentan. Se ha hablado mucho de la "paranoica" desconfianza de Bellini respecto de sus compositores rivales. Llegó a la conclusión de que "la amistad dentro de la profesión es prácticamente imposible" (5 de abril de 1828); al final automáticamente consideraba a los "amigos de Donizetti" como "mis enemigos" (27 de febrero de 1835); sospechaba o denunciaba intrigas que le afectaban. Bellini, sin duda, vio el negocio de la ópera como un campo de tenis, donde tienes que vencer o hundirte. Pero ¿se equivocaba? Su actitud estaba en parte justificada, y en parte era moneda corriente en su profesión.

Entre los contemporáneos, sus rivales obvios eran Pacini y Donizetti. En la época de su triunfo con *Il pirata*, estaba seguro de que Pacini conspiraba contra él en Milán (y Florimo sugiere en su biografía que ya Pacini había hecho lo mismo en Nápoles con *Bianca e Fernando*). Es muy probable que tuviera razón. Pacini era un manipulador de lo que podríamos llamar relaciones públicas; al menos en una ocasión organizó una procesión "espontánea" de noche con antorchas que venían a expresar sus buenos deseos después de un estreno. En La Scala, su amante, una condesa rusa, era el centro de muchos rumores y de muchos partidismos. No podemos determinar las maniobras que llevaban a cabo tales facciones, pero los comentarios de la prensa del momento muestran que Bellini no se las inventó: algo es estaba cociendo[7].

---

[7] La alegación de Pacini, en una afirmación hecha a un biógrafo de sus primeros tiempos y en sus propias y poco fiables *Memorie artistiche*, Florencia, 1875, de que fue amigo de Bellini y lo ayudó no concuerda con los hechos: BSLS, págs. 90–92, 297–300.

Respecto a Donizetti, Bellini, que era algo más joven, estuvo al principio bien dispuesto. En 1826–1827 le mandó saludos y felicitaciones por el éxito de una ópera, y le dijo a Florimo que confiaba que tuviera éxito con otra, además de elogiar algo de su música; aunque fue Donizetti quien ocasionó la observación sobre la imposibilidad de la amistad entre la profesión (dándole a la soprano principal de Bellini lo que parecía ser un mal consejo), Bellini aun pensaba que había actuado sin malicia. La transformación de Donizetti en "enemigo" llegó en 1830 con el éxito de su *Anna Bolena:* como esta ópera supuso un nuevo arranque y lo elevó a una categoría superior, se convirtió en un rival digno de ser temido. Desde entonces en adelante, Bellini vio en cada una de sus propias óperas una respuesta a la última de Donizetti: era como un partido de balón volea, a puntos.

La hostilidad de Bellini respecto de sus colegas compositores, libremente expresada en sus cartas a Florimo, se parece mucho a la de Mozart en las cartas a su padre; Mozart también sospechaba conjuraciones, y no siempre sin causa. Algo parecida es la actitud de muchos artistas de creación, absortos como están en su propia visión y necesidades: la labor de un rival fácilmente puede convertirse en una obstrucción o una amenaza. Donizetti —es cierto— era generoso con sus colegas, pero era él, y no Bellini, el que era una excepción.

Tampoco debería impresionarnos demasiado el lenguaje de la "enemistad". El mercado operístico funcionaba siempre a toda prisa, intensificada por las malas carreteras y la lentitud de las postas, y en un ambiente de constante competición. Estallaba el mal humor. Insultos tales como "sinvergüenza", "asno", "vil", etc., aplicados por Bellini a este u otro miembro del mundo de los negocios operísticos (y por lo general siempre que esta persona hubiera dejado de ayudarle en alguna cuestión concreta) también pueden encontrarse en la correspondencia de otros muchos; esas palabras no hubieran significado lo mismo si se hubiesen pronunciado ante un comité universitario).

De vez en cuando, Bellini anotó lo que parece ser una declaración general de sus sentimientos acerca de la vida. Si lo miramos más de cerca, esto también parece haber sido un revulsivo o una respuesta inmediata a un punto conflictivo. "El amor propio es algo innato en los hombres" quería decir que se iba a quedar más tiempo en Génova para disfrutar del triunfo de *Bianca e Fernando;* y "el mundo es malo y está lleno de egoísmo" quería decir que la gente de Nápoles lo estaba acusando de haber dicho la verdad sobre un cantante malo; "mi vida hasta ahora no ha consistido sino en problemas" quería decir que Florimo le estaba culpando sin razón por no haber ayudado a un amigo (19 de abril,

14 de julio, agosto de 1828). Si hacemos caso de sus cartas, Bellini parece ser un meridional bastante ordinario en vías de desarrollo, convencional en sus nociones del honor, su actitud respecto a las mujeres y su lealtad a la familia, con una pizca de vanidad pero sin que resultara desagradable; si era egocéntrico lo era en tanto que artista determinado a progresar y defender su obra en un mercado muy duro. ¿De dónde procedían ese sentimiento puro, penetrante, y esa distinción de su mejor música? No lo sabemos.

El contrato de Bellini para escribir *Zaira*, firmado en noviembre de 1828, precedió al triunfo de *La straniera*. La inauguración del nuevo teatro de la Ópera de Parma era una ocasión especial por más de un motivo. El teatro pertenecía a la soberana (la ex emperatriz de Napoleón, María Luisa, a quien se le había dado el ducado de Parma como consolación); nada ocurría en él, incluso bajar el telón, sin su permiso. El teatro era, además, el centro de la vida diaria y de los cotilleos de las clases altas; para tenerlos contentos, el gobierno procuró conseguir representaciones de alto nivel a bajos precios. El público se sentía orgulloso de la condición de Parma como capital de un estado y era sabido que era muy difícil de complacer.

Bellini, por lo tanto, corrió un riesgo cuando rechazó el libreto de estilo clásico escrito por el censor oficial de Parma (ese funcionario pomposo a quien tanto había irritado con su conversación romántica sobre bosques y tumbas): el tema propuesto, Julio César y Cleopatra, era —le dijo— "tan viejo como Noé", y consiguió convencer al gobierno de encargarle un libreto a Romani en lugar del otro. El funcionario se sintió humillado por "gente vil y de baja estofa", y no carecía de amigos en Parma. Bellini pensó que tendría tres meses para componer la ópera, pero como Romani estaba trabajando fuera de la ciudad, pasó un mes antes de que se pusieran de acuerdo sobre el tema (fue idea de Bellini usar la tragedia de Voltaire *Zaïre)*. Luego, el retraso habitual de Romani significó que, con menos de un mes para la noche del estreno, faltaba todavía una parte del libreto; en un prólogo poco apto para agradar a los parmesanos, Romani medio se jactaba, medio se excusaba, de haber tenido que escribirlo "a trocitos". Bellini tuvo que componer la música aproximadamente en un mes, algo que más tarde dijo que siempre lo perjudicaba, a menos que se produjera un milagro. No lo hubo para salvar a su *Zaira* del fracaso; la causa, sin embargo, parece haber sido el resentimiento de la gente del país hacia esos intrusos, más que porque les disgustara la obra.

Zaira podía haberse acabado imponiendo en otras ciudades si no hubiese intervenido la suerte. Bellini se había hecho a la idea de dejar correr el carnaval de 1830 y esperar al de 1831, cuando estaba previsto que escribiera una ópera para La Fenice de Venecia, que entonces era uno de los tres principales teatros de ópera de Italia; mientras tanto aceptó presentarse a sí mismo y su obra a los venecianos rehaciendo —por una vez— el papel de Imogene de *Il pirata* para la mezzosoprano Giuditta Grisi. Estaba por lo tanto en Venecia en enero de 1830 cuando Pacini dejó de entregar, en el último momento, la ópera nueva que había prometido escribir. La dirección del teatro le rogó a Bellini que ocupara su lugar, y él aceptó hacerlo.

Esto suponía otra vez componer una ópera con poco más de un mes de tiempo. Para evitar precipitaciones de última hora, obtuvo permiso para utilizar un libreto de Romani de cinco años atrás sobre el tema de *Giulietta e Romeo*, escrito originalmente para el compositor Nicola Vaccai: esto le permitiría, por un lado, satisfacer a la Grisi dándole el papel de Romeo —las mezzosopranos todavía cantaban entonces papeles de amante—, y, por el otro, reciclar aproximadamente un tercio de la música de *Zaira;* al final fueron ocho números y algunos pasajes más cortos los que entraron en la nueva ópera. *I Capuleti e i Montecchi* fue un éxito inmediato y pronto estuvo recorriendo toda Europa. *Zaira*, por lo tanto, desapareció después de haber sido montada solo una vez después del estreno en Parma. En nuestros días ha sido redescubierta, aunque casi siempre en discos.

Aunque *Zaira* y *Capuleti* eran incompatibles en una época en que la mayor parte de las óperas tenían que ser nuevas, hoy en día ya no lo son. Cada una tiene sus méritos y sus puntos débiles.

Capuleti es hoy en día una de las óperas de Bellini que más frecuentemente se vuelven a montar, en parte porque el tema parece de Shakespeare, y en parte porque es más fácil encontrar cantantes femeninas adecuadas que un buen tenor belliniano o un buen bajo. El argumento, sin embargo, no procede de Shakespeare. Romani puede que ni siquiera hubiese leído la obra de Shakespeare; recurrió a fuentes italianas y a un libreto anterior. En su obra, Romeo es un jefe de facción más que un emblema del amor joven. Además, el libreto, aunque Romani lo adaptó, peca aquí y allá de haber sido forzado para llevar música preescrita; véase, por ejemplo, el extraño énfasis que recae sobre la palabra "a" en el aria de entrada de Romeo (en "a lui diè morte") —algo heredado de la rígida declamación de *La straniera*. Por otra parte, la gloria especial de *Capuleti*, la escena de la tumba, en gran parte en un noble recitativo o arioso con un mínimo acompañamiento o incluso sin él, era demasiado pobre para el público de la época; pronto buscaron un recambio colocando allí la convencional escena final de Vaccai, o haciendo una mezcla variable de Vaccai y Bellini. Ahora que ya ha merecido el elogio general, esa parte requiere, y pocas veces obtiene, un Romeo que pueda dar forma a las palabras italianas y públicos que sean capaces de entenderlas. De lo contrario, la escena (y la obra en conjunto) corre el riesgo de parecer monótona.

Es la que tiene el argumento más variado e interesante, un conflicto entre el deber y el amor realzado por el ambiente oriental y por la equilibrada distribución que hizo Voltaire de la simpatía entre la muchacha cristiana esclavizada y su amante, el sultán con aspecto de Otello. Sus cuatro personajes principales —en lugar de los tres que hay en *Capuleti*— también permiten que haya una estructura musical más variada. Por desgracia, el apresuramiento con que se trabajó se hace ver en algunos parches débiles: el menos adecuado, el final del primer acto, presenta una melodía vulgar con una *stretta* final que es ruidosa sin ser efectiva.

Ambas obras desarrollan —y hasta cierto punto comparten— un alud de melodías más decorativas que las que Bellini se había permitido en *La straniera*. El aria de entrada empieza con una fuente rossiniana de coloratura. La ópera se parece a *Semiramide* en su tema oriental y en su reparto (soprano, contralto vestida de hombre, bajo de peso pero elegante, tenor complementario y segundo bajo). Esto es lo que puede haber inspirado no solo esos momentos ornamentados (con una distinción belliniana añadida, la *morbidezza* o ternura), sino también el conjunto bien articulado del primer acto que empieza con un dueto para contralto y bajo y se convierte en un quinteto: como las mejores escenas de la ópera de Rossini, hace avanzar de modo efectivo la acción, a la vez que consigue una sonoridad cálida. Nada de esto fue a parar a *I Capuleti*, pero Bellini volvió a usar la última parte del dueto de soprano y contralto, otra escena inspirada por *Semiramide;* una melodía belliniana característica, ondulante, que gira sobre sí misma una y otra vez, hermosamente adaptada a las palabras, consigue un sentido del éxtasis a través de una saturación en la música.

¿Hasta qué punto fue consciente el alejamiento de Bellini respecto de la austeridad de *La straniera?* Cuando se le preguntaba cuáles eran sus motivos para componer, tendía a negar que hubiese sufrido la influencia, por ejemplo, de Rossini, y solía decir que había "escrito la música tal como me dictaban los sentimientos de mi corazón". Podemos pensar, de todos modos, que había tomado nota de las críticas dirigidas a *La straniera* (aunque estas no impidieran que la ópera rodara por todos los teatros). Para el público italiano, el carácter declamatorio de la ópera, de aspecto protowagneriano, era bueno tomarlo en pequeñas dosis. Aun así, hay espléndidos recitativos y ariosos tanto en *Zaira* como en *Capuleti:* no solo la escena de Romeo en la tumba, sino varias para él y, en *Zaira*, para la heroína y el bajo a la vez: nobles, dignas, patéticas. El saldo de estas óperas, sin embargo, se inclina hacia las arias y las formas cerradas, menos sujetas a la pronunciación silábica de las palabras. Tampoco los temas de las óperas de Bellini volverían a compararse con el frenesí de *Il pirata* o de *La straniera*. Después del impacto inicial del Romanticismo, una tendencia se impuso —normal entre los italianos de la época—: enmarcar las nuevas emociones aumentadas en un lenguaje clásico y en un marco musical elegante.

En donde *Zaira* y *Capuleti* mostraban una debilidad continua era en los pasajes rápidos, las cabalettas especialmente. Algunas apenas superaban la rutina. Una que ya era efectiva, mejoró mucho cuando fue transferida a *I Capuleti* (y del tono menor al mayor): es "La tremenda ultrice spada", el desafío de Romeo al final de su aria de entrada; sus amplios saltos y su porte marcial son genuinamente heroicos, muy alejados de la "languidez". *Capuleti* también presenta un lugar muy notable en el *finale* de la primera parte, en parte tomado del trío de *Zaira*. Empieza, con una frase angustiosa descendente de la cuerda sobre un ritmo persistente, con una serie de fragmentos ariosos para Giulietta ("Tace il fragor"), a la que se une pronto Romeo. Todo esto está en el modo declamatorio radical de Bellini; suena a improvisado y espontáneo. Entonces, con todos los personajes en escena, tanto el quinteto lento, *a cappella* para empezar ("Soccorso, sostegno"), y la sección rápida en la que se resuelve el pasaje ("Se ogni speme"), hacen contrastar musicalmente a Romeo y Giulietta con los Capuletos y Montescos enfrentados; en la última parte la melodía de los amantes dibuja un gran arco sobre el desafío silábico del resto. Bellini aquí se mostró capaz de construir una estructura operística en gran escala.

No le salió de balde. El penetrante invierno veneciano le provocó un resfriado severo, y el esfuerzo de escribir *Capuleti* diez horas cada día con otra sesión de cuatro horas por la noche le alteró la digestión. Sin duda fue por esto que, cuando volvió a Milán en abril, padecía pérdida de apetito y, el 21 de mayo, una repentina "fiebre inflamatoria gástrica biliosa" de la que tardó más de un mes en rehacerse, y tal vez más por los cuidados dedicados de Marianna y Francesco Pollini que por las sangrías y los eméticos del tratamiento. Sin ellos, pensaba él, esa enfermedad podía haber sido la última.

Era casi seguro la disentería por amebas que realmente lo mataría cinco años más tarde. Había tenido ya un período de mala salud no especificada en 1828, y tendría después una breve recaída "gástrica" en 1834, siempre en períodos de calor. La infección por amebas o amebiasis era

Maria Malibran en el papel de Romeo, de *I Capuleti e i Montecchi*
(Museo Teatrale alla Scala, Milán).

hasta hace poco algo común en las partes más calurosas de Europa; todavía es endémica en las regiones tropicales, como el Sudoeste de Asia. Allí, la gente que tiene amebas en su sistema digestivo puede no estar enferma, sobre todo si una dieta muy abundante y principalmente vegetariana mantiene a los parásitos absorbidos y les impide ulcerar los intestinos o alcanzar el hígado. Esto contribuye a explicar los largos períodos en los que la enfermedad de Bellini no parece haberle inquietado. En su tiempo su causa no se entendía: ni los médicos sabían cómo tratarla. El propio Bellini se agarraba a explicaciones tales como la falta de aire en sus habitaciones, o un mal "humor" en su sangre. Se ha acusado su fe en un jarabe laxante llamado "Elixir du roi" de haberle apresurado la muerte, pero él mismo aconsejaba moderación en su uso (cualquiera que sea el significado de esto), de manera que no podemos estar seguros.

El 1 de julio de 1830 se hallaba convaleciente junto al Lago de Como. Al final del mes o al principio mismo de agosto había firmado un contrato con el empresario Giuseppe Crivelli (quien dirigía entonces La Scala y La Fenice) por dos óperas. Había confiado en cobrar 10.000 francos por cada ópera, pero aceptó 10.000 liras austriacas (8.700 francos). Eventualmente, un grupo de milaneses ricos que habían decidido montar una temporada en el Teatro Carcano, en oposición a La Scala, recompraron el contrato de Bellini y le hicieron uno nuevo: en este se le prometían 12.000 liras austriacas (10.440 francos) y la mitad de los derechos sobre la partitura. Con ello había franqueado la barrera de los 10.000 francos y había establecido un nuevo récord: era el campeón.

Se había movido deprisa: por *La straniera* había cobrado 4.350 francos (el doble de lo que había cobrado por *Il pirata*); por *Zaira*, 5.000; por *Capuleti*, 6.500 (más de lo que Donizetti ganaba por una ópera grande para el Carnaval en La Scala en 1833 y 1835). Había llegado ahora el momento de planear el resto de su carrera: ¿cómo podía aprovechar al máximo el campeonato que había conquistado?

A principios del siglo XIX nadie tenía como ideal una carrera de toda la vida, con el retiro a los sesenta o sesenta y cinco años. Las nociones aristocráticas de "independencia" —poseer una riqueza suficiente como para liberarse de la necesidad de ganar dinero— no había dejado aún paso a la "religión del trabajo". Quienes seguían una profesión ardua confiaban en alcanzar dicha "independencia" rápidamente. En Gran Bretaña, los jóvenes que se ponían al servicio de la Compañía de la India Oriental esperaban lograrla y volver a casa en un plazo de unos diez años. En el mundo de la ópera, Giuditta Pasta, a los veintinueve años, pensaba en retirarse a los treinta y dos. Justo después de haber logrado introducirse en ese mundo en 1830, Bellini pensaba que podría acumular capital suficiente en cuatro años para no tener que trabajar más. Esto no suponía dejar de componer, pero entonces lo podría haber hecho a su aire, como su rico contemporáneo Meyerbeer.

Mientras Bellini confiaba en esa "independencia", no olvidaba a su familia. Su plan era pagarles unos ingresos seguros de seis onzas sicilianas (unas 4 libras esterlinas o 100 francos) al mes, lo que en Catania era mucho. Mientras tanto les mandaba 30 onzas (20 libras) y confiaba continuar así a razón de 40 libras al año mientras continuara consiguiendo buenos contratos (1 de julio de 1830).

Tampoco había olvidado la posibilidad de empezar una familia propia. En el verano de 1831 pensaba un día en casarse con la hija de la Pasta, Clelia, que entonces tenía trece años; habían pasado juntos una temporada junto al lago, él y la Pasta como colegas estaban en óptimas relaciones, y en todo caso los padres de Clelia daban la impresión de que tomarían en consideración la boda, y la madre de la Pasta, miembro muy importante de la casa, parece haber estado a favor del proyecto[8].

Su asunto con la Turina, que los Pasta sabían, no tenía por qué ser un impedimento, especialmente si sus planes eran para unos años más tarde: para entonces ya habría concluido o podía llevarlo hacia lo que los contemporáneos llamaban un final natural.

Mientras tanto Bellini, como compositor campeón en la liga de la ópera italiana, era una mezcla de agudeza e inexperiencia. En algunas cosas estaba mal equipado para tener tratos financieros en la relativamente avanzada ciudad de Milán, mucho más aún en París. Sus primeros años en Sicilia y en Nápoles le habían dejado con una comprensible desconfianza hacia los bancos, no parece haber entendido nunca qué era una empresa de responsabilidad limitada, y en la primera oleada de éxito con *Il pirata* escribió, quizás medio en broma, que podía invertir sus ganancias en un "feudo" —término que en Sicilia quería decir todavía propiedad rural (12 de enero y 20 de febrero de 1828). Lo que hizo en realidad con su dinero fue colocarlo en manos de otra persona, para empezar con Giuditta Turina. Algunos escritores se han indignado porque ella le tuviera que pagar un cinco por ciento de intereses; esto era, sin embargo, una transacción normal, en la que se comprometían incluso los miembros de familias de clase alta tanto en Italia como en Gran Bretaña. Sin duda que ella invirtió a su vez ese dinero, y no le faltaban recursos.

---

[8] Bellini a Giuditta Pasta, septiembre de 1831, en F. Lippmann (ed.), "Belliniana", en *Il melodramma italiano dell'Ottocento. Studi e ricerche per Massimo Mila*, Turín, 1977, págs. 281–317, pág. 284; a Florimo, 13 de octubre de 1834, *E*, pág. 460.

En sus primeros tiempos en Milán vivía cuidadosamente, comiendo en restaurantes solo los viernes y los sábados, y pidiéndole a Florimo que reexpidiera sus cartas a Sicilia para ahorrar cinco centavos. Las habitaciones alquiladas en que vivía allí, y más tarde en París, eran céntricas y bien amuebladas, pero no muy espaciosas. El único lujo que parece haberse permitido era la ropa. El 16 de enero de 1828 le pedía a Florimo que le mandara dos docenas de pares de guantes —"nunca se tienen demasiados". La gente bien vestida usaba mucho más los guantes que ahora, pero Bellini era sin duda un dandy. El vestuario que dejó a su muerte era considerable.

Bellini vivió en una época de transición en la que los compositores italianos pudieron ver cómo se explotaban cada vez más sus obras de éxito, pero podían obtener solo una parte de las ganancias con dificultad.

En el siglo XVIII, por regla general, las óperas habían sido nuevas. El compositor recibía un pago convenido; podía confiar en reciclar la música en otra ópera y en otra ciudad; si una de sus obras de éxito se representaba de nuevo en ciudades más pequeñas sin que se le pagara nada, las ganancias que perdía con ello no eran muchas. La inexistencia de los derechos de autor en los estados italianos no era un asunto que preocupara entonces.

Ya en el último cuarto del siglo XVIII, con la expansión del mercado, algunas óperas circularon ampliamente. Las cosas llegaron a un nuevo punto de partida con la aparición, hacia 1810, de editores de música italianos que tuvieron éxito. Estos editores se basaban en gran parte en la explotación de nuevas óperas a través de la venta de partituras de canto y de arias adaptadas para todas clases de instrumentos solistas; un negocio complementario era el de copistería. Ahora se podía ganar dinero tanto con el alquiler de partituras de orquesta copiadas a mano y particelas para los directores de teatros, como vendiendo música impresa a los aficionados. Bellini podía confiar, por lo tanto, en ganar algo, no solo como pago convenido por cada ópera, sino por vender o compartir los derechos sobre la partitura y los de edición de la misma; sin embargo, como no había tratados de protección de derechos de autor entre los estados italianos (algo que se logró solo a partir de 1840), en la práctica podía ocurrir que no recibiera casi nada. La cuestión era aún más grave para él, porque dependía de unas pocas óperas de éxito, más que de la rápida producción de nuevas obras.

El problema básico era que un empresario o un editor podían o bien robar una partitura auténtica (esto, como norma, se conseguía sobornando a un copista) o piratearla haciendo que un compositor de poca monta orquestara de nuevo la obra a partir de la versión para canto —algo no demasiado difícil en una época en que la orquestación era relativamente modesta; incluso aunque el resultado fuera grosero, podía pasar sin problemas con según qué público. Un empresario que quisiera dar una ópera reciente solía por lo común rebajar el precio de alquiler de la partitura auténtica señalando que si no podía conseguirla en otra parte a mitad de precio. Ni siquiera un miembro de la augusta casa ducal milanesa de los Visconti, que llevaba la dirección de La Scala en 1834, se consideraba por encima de este tipo de tácticas. La música impresa también tenía sus dificultades; un editor de Milán que hubiese confiado en vender su producción en Nápoles podía encontrarse con que un editor napolitano ya hubiera llegado antes; a veces un rival de fuera podía incluso adelantarse en la salida en su propio estado.

Para Bellini, esta situación suponía un máximo de molestias para unas ganancias relativamente pequeñas. Él vendía los derechos de sus óperas bajo varios tipos de condiciones. La propiedad de la partitura completa la compartía generalmente con el empresario o con el editor de Milán Giovanni Ricordi, y a veces a tres bandas con ambos; pero según Ricordi, el alquiler de una obra tan popular como *Norma* producía poco o nada porque "toda Italia, toda Alemania, toda Europa están inundadas con *Normas* pirateadas". Ricordi puede haber exagerado un poco con la finalidad de negociar mejor —de hecho, él había logrado alquilar la partitura auténtica a cinco o seis teatros; las dificultades no dejaban por ello de ser ciertas.

El derecho de publicación de la partitura de canto y de varios extractos Bellini la vendía por una suma convenida, pero en una época en la que la demanda italiana de música impresa era todavía pequeña, esto también era un recurso modesto: por los derechos de impresión de *La sonnambula*, junto con un tercio de los derechos sobre la partitura, recibió de Ricordi 4.000 liras austriacas (3.480 francos) —un tercio de lo que había cobrado por la ópera. Aun así, esto era un límite máximo; Bellini más tarde exigió 3.500 liras austriacas (3.480 francos) por *Beatrice di Tenda* (derechos de edición y la mitad de los derechos sobre la partitura), y permitió a Ricordi que se quedara los derechos de publicación de *I puritani* para los estados austriacos por 2.000 francos[9]. Solo en Francia encontraría una sociedad más rica, en mejores condiciones para pagar, y con una ley de derechos de autor efectiva.

Entre tanto intentó encontrar modos de contrarrestar la piratería o de darle la vuelta. Contra las representaciones pirata de las Dos Sicilias, su

---

[9] *E*, págs. 397 y 432–433.

propio estado, apeló en varias ocasiones al gobierno y a la policía: o que prohibieran la representación, o al menos que obligaran a la dirección a difundir que la partitura había sido alterada por el maestro tal o cual. No parece que consiguiera nada concreto con esto.

En 1832 pensó que podía evitarse problemas con la piratería vendiendo sus derechos de su ópera siguiente de una sola vez, por algo más de 13.000 francos (parece haber querido decir los derechos de la partitura completa, no los de edición). Dos años más tarde diseñó una estrategia consistente en un contrato por tres años por el que todos los directores principales de teatro de Italia y Alemania se comprometían a comprar una copia auténtica de cada una de las nuevas óperas de Bellini por la modesta tarifa de 500 francos, a salvaguardarla, y a usarla solo en sus propios teatros; una variante de esta idea era que Ricordi pagara 4.000 francos por los derechos de cada ópera, y para el editor o el compositor entregar la partitura y cobrar un precio que dependería de cuál de ellos había sido contactado antes. El propósito de estas soluciones era expulsar a los piratas y librarse de la complicada división de derechos entre el compositor, el editor y el empresario original, lo que requería una correspondencia a tres bandas y que fácilmente acababa en un lío.

Bellini estaba intentando conseguir un sistema regular y fiable que le asegurara a la vez una recompensa legítima y le evitara las constantes negociaciones —algo que Verdi conseguiría a partir de 1847, pero solo porque los derechos de autor se habían vuelto obligatorios. En tiempos de Bellini este recurso no existía; y aunque sus planes no llegaron a concretarse en nada, representan una búsqueda moderna de eficiencia y un modo de alcanzar una situación profesional mejor.

Donde reinaba la piratería, era difícil ser siempre honrado. Bellini se metió en algunas transacciones que, como mínimo, eran dudosas. Si hubiese sido acusado, podía haber dicho que sus colaboradores le hubiesen hecho o lo harían lo mismo, y hubiera sido cierto.

Un truco corriente en el negocio de la ópera era exagerar el último cobro con la esperanza de alcanzar un mejor precio en el siguiente. Bellini lo hizo cuando le escribió a Florimo (en una carta escrita para que la viera el empresario Barbaja, que podía encargarle una nueva ópera para Nápoles) que le habían pagado por *La sonnambula* 15.000 liras austriacas, además de la mitad de los derechos; la cantidad que recibió, en realidad, fueron 12.000. Esto era en cierto modo una mentira "blanca": Bellini le dijo la cifra real al noble superintendente de los teatros de Nápoles explicándole que no le servía de nada tener los derechos de autor para Nápoles (porque sabía con razón que no le darían nada a menos que estuviera allí en el momento justo), y que por esto no podía aceptar menos que 15.000 como cantidad en bloque (19 de septiembre de 1831). Al tratar con Barbaja, que era un maestro en los regateos de mercadillo, creyó que era preciso pulirlo todo un poco.

Al menos en una ocasión sabemos que Bellini engañó a un editor para establecer un trato ilícito con otro. Le devolvió un favor al editor de Nápoles Guillaume Cottrau enviándole la nueva gran escena de la versión revisada de *Bianca e Fernando*, cuyos derechos en exclusiva se había repartido con Ricordi, y le rogó que lo mantuviera en secreto "para no comprometer mi honor con mi editor de aquí" (24 de mayo de 1828). Más tarde dio por buena una partitura de canto de *La straniera* pirateada por el editor de Milán Ferdinando Artaria, a pesar de haber vendido los derechos a Ricordi, y otra vez le rogó que guardara el secreto. Su motivo era asegurarse de que la adaptación era "lo mejor posible"; para conseguirlo puede que le entregara a Artaria una partitura completa, aunque no hay pruebas definitivas de esto[10]. Estas cosas constituían rupturas de contrato. Tiene que decirse también que Ricordi estaba tan dispuesto a piratear una ópera como lo estaba para denunciar la piratería que se hacía a su costa, y que Cottrau hacía lo mismo, que el compositor napolitano Carlo Conti, compañero de estudios de Bellini, le ofreció proporcionarle una copia robada de una partitura de Rossini, y que los directores de teatro de Londres y París estaban tan dispuestos como los italianos a utilizar partes de orquesta pirateadas[11]. La conducta de Bellini no era admirable, pero estaba motivada por un hueco en la legislación de entonces, que casi te obligaba a establecer tratos turbios.

En los negocios más directos, Bellini se salía con la suya. Trató a Ricordi con ironía cuando el editor, como solía, se quejó de pobreza: "... su carta... es tan deprimente que si yo no supiera que su negocio es

---

[10] Bellini a Fernando Artaria, 22 de enero de 1830, en L. Cambi (ed.), "Bellini. Un pacchetto di autografi", en *Scritti in onore dio Luigi Ronga*, Milán-Nápoles, 1973, págs. 53–90, págs. 64–66. La Cambi sugiere un motivo personal —una tal señora Artaria era ama de llaves en la casa de los Turina. Parece mucho más probable que el motivo de Bellini fuese, como él dijo, de carácter profesional. Él tenía una relación con Artaria, quien tenía que publicar los números sueltos de Capuleti, mientras Ricordi tenía los derechos sobre la partitura.

[11] Giovanni Ricordi a Nicola Vaccai, 6 de octubre y 6 de noviembre 1826, Archivio Vaccai, Biblioteca Comunale, Tolentino (él le pidió a Vaccai, quien se resistía, que le enviase desde Trieste la partitura o las partes de la *Donna Caritea* de Mercadante, que entonces era nueva; G. Cottrau, *Lettres d'un mélomane*, Nápoles, 1885, pág. 77; [Carlo Conti] al marqués Bartolomeo Capranica, 22 de noviembre 1827, Biblioteca Teatrale del Burcardo, Roma, Fondo Capranica (ofreciendo una copia del *Maometto II* mucho más barata de lo que cobraría el empresario Barbaja por una copia legítima); G. Vaccai, *Vita di Nicola Vaccai*, Bolonia, 1882, pág. 136 (para Londres). Los empresarios londinenses que apostaron por *Puritani*, Édouard Robert y Carlo Severini, habían intentado antes comprar partituras baratas pirateadas de *La straniera* y de *Capuleti*: al agente Buttazzoni, 21 de junio 1832, AN París, AJ13 1161/IV.

floreciente ¡estaría temiendo su inmediata bancarrota!" (20 de marzo de 1829). Como compositor novel, que solo tenía *Il pirata* en su haber, demostró una fría calma en sus tratos con el astuto y fanfarrón Barbaja, que en este momento estaba al cargo de los dos teatros de ópera más importantes de Italia.. Barbaja estaba furioso porque Bellini intentaba impedir que la esposa de Rubini cantara *Il pirata* en Nápoles, y le mandó una carta insultante. Cuando el empresario fue a Milán, Bellini, sintiéndose "irascible en extremo", lo evitó dejando una tarjeta de visita en un momento en que sabía que Barbaja no estaba. Los dos después se encontraron por casualidad:

> Barbaja... con una sonrisa, me dio la mano, saludándome en su estilo habitual: "Tú, maldito estúpido, ¿no recibiste mi carta?" Yo le contesté fríamente... que las primeras palabras de su carta me habían convencido de que esa carta no iba dirigida a mí, y que por esto la había roto... él... intentando disfrazar su enojo con una sonrisa, me dijo que me daría una copia para que pudiera leérmela de arriba a abajo cada mañana; pero yo, siempre tan fríamente como pude, le dije que podía guardarse esas cartas para otros, y que Bellini estaba avergonzado simplemente de pensar que un Barbaja pudiera sospechar de uno que había sido su amigo agradecido y que siempre, sin egoísmo y con tacto, había exigido sus justos derechos y evitado toda intriga... (9 de junio de 1828).

Bellini también convenció al empresario de que sus sospechas respecto a Florimo habían sido infundadas. Luego hablaron de otras cosas; Barbaja invitó a Bellini a comer al día siguiente y después de la comida le ofreció el contrato que lo llevó a escribir *La straniera*.

Esto, claro, es como lo narra Bellini, pero suena a auténtico. De acuerdo con lo que era entonces el negocio de la ópera italiana, el joven compositor tuvo pocas dificultades en imponerse: sus exigencias económicas sin precedentes fueron aceptadas con solo un mínimo de regateo —señal de que la gente reconocía su calidad.

Sus exigencias artísticas también resultaban persuasivas, si hemos de creer un testimonio de un aristócrata amigo suyo, el conde Barbò. Este afirmaba haber oído una conversación en la habitación de al lado durante la cual Bellini se dedicó a hacer que el tenor Rubini —una voz sobresaliente, pero, hasta entonces, un actor rígido— mostrase la expresión adecuada como protagonista de *Il pirata*. Barbò tal vez lo adornó un poco, pero también esto suena a verdadero.

"Eres frío y lánguido", le dijo Bellini después que el tenor y él hubieran ensayado el dueto; "ponle un poco de pasión: ¿no has estado nunca enamorado?". Y añadió: "Querido Rubini... ¿estás pensando que eres Rubini... o Gualtiero?... ¿No sabes que tu voz es una mina de oro, que aún no está descubierta del todo?" Las hazañas vocales no eran suficientes. Rubini le contestó que no era capaz de hacer creer que estuviera desesperado y furioso.

> Confiesa (contestó Bellini) que la verdadera razón es que no te importa mi música, porque no te da las oportunidades habituales; pero si a mí se me ha metido en la cabeza crear un nuevo género y un estilo musical que exprese estrictamente las palabras, para hacer del canto y del drama un todo integral, ¿tendré que dejarlo correr porque tú no quieras darme apoyo? Tú puedes hacerlo, todo lo que necesitas es olvidarte de ti mismo y lanzarte de todo corazón dentro del personaje que estás interpretando. Mira...

Y entonces, con una voz sin ninguna calidad especial, pero "con su rostro y toda su persona animada", Bellini "echó a cantar de un modo tan patético y conmovedor que te agarraba y te arrancaba el corazón". Después de un rato, Rubini entró con su propia voz y con el sentimiento adecuado: el gran tenor romántico se había encontrado a sí mismo.

Algo parecido debía estar ocurriendo cuando, oyendo a Bellini hablar con Giuiditta Pasta cuando salían de un ensayo, Lady Morgan creyó que él "reñía a su gran alumna como a una *petite pensionnaire* [una niñita de colegio]". Bellini puede haber estado ejerciendo una autoridad artística natural, totalmente contraria a su aspecto de dandy.

Tanto en sus negocios como en sus tratos artísticos, creía desde el primer momento en su propio y elevado don, y actuaba de acuerdo con esta convicción. Esta era la época en la que Napoleón era solo el ejemplo más poderoso de un hombre joven que se había abierto camino por su propio esfuerzo. Bellini no tenía de manera consciente, como el Julien Sorel de *Rojo y negro* de Stendhal, a Napoleón en su mente, pero él también perseguía "una carrera abierta al talento". Tenía que pagar un precio en "agitación" y en mala salud cuando tenía una ópera en el telar, y también en sospechas y en irritación ante los malos modos (demasiado ciertos a veces) del mundo de la ópera —aunque Verdi sufriría peores tensiones durante sus *anni di galera* ("años de prisión"). Ni siquiera Verdi, sin embargo, era capaz de convencer a la gente tan de prisa como Bellini de que su don era único.

En la cima de su poder

Las mujeres que trabajaban en las fábricas textiles de Como solían volver los sábados al anochecer a los pueblos donde vivían, cantando canciones populares mientras la barca cruzaba el lago. Bellini, navegando también en un pequeño bote, anotaba las melodías; junto con las colinas circundantes y la vegetación que cubría la orilla del lago, esas melodías inspiraron el idilio de *La sonnambula*.

Así al menos nos lo explilca una observadora, una muchacha joven que crecía junto al lago, y que años más tarde se casaría con el ya maduro libretista Romani. Parece plausible: los campesinos de *La sonnambula* cantan dos coros cuyos acompañamientos reiterados aluden más que representan directamente a la música popular italiana del norte; en el clímax, cuando la protagonista pasa junto a la rueda del molino caminando como sonámbula y llega a tierra firme, las trompas entonan algo así como la llamada alpina (el *ranz des vaches)* que en el *Guillaume Tell* de Rossini, un año y medio antes, había dado su bendición a la liberación de los suizos[12]. Aunque el texto menciona Suiza, y la producción original estaba llena de abetos y de cimas montañosas, *La sonnambula* pertenece en espíritu a la región donde las culturas alpina y mediterránea se encuentran, junto al lago.

Bellini, todavía convaleciente al principio de su severo ataque de disentería, pasó los meses de julio y agosto junto al Lago de Como, pero

---

[12] Cuando Bellini compuso *La sonnambula* no podía haber oído *Guillaume Tell,* que no se representó en Italia hasta algunos meses más tarde, pero fácilmente pudo haber leído una partitura de canto y piano. También es posible que Alessandro Lanari, empresario de *Capuleti* (Carnaval de 1830), *G. Tell* (otoño de 1831) y —formando sociedad con Giuseppe Crivelli y Bartolomeo Merelli— *Norma* (Carnaval de 1832), le dejase ver la partitura completa. El *ranz des vaches* en todo caso era simplemente una melodía popular.

durante unos quince días, más o menos, estuvo metido en el apabullante calor de Bérgamo: *La straniera* dio buen resultado en la importante temporada de la feria de aquella ciudad. Aparte de esto, estaba de vacaciones y no componía: le desagradaba trabajar con calor y planeó empezar en septiembre en su siguiente ópera, cuando estuviera de vuelta en Milán.

Hacia el 15 de julio él y Romani habían decidido adaptar el drama ultrarromántico *Hernani*, que se había estrenado hacía solo unos pocos meses antes en París con gran escándalo y alteración del orden; de acuerdo con una carta publicada (y tal vez alterada) por Florimo, dijo que le gustaba "mucho" el tema, y también dijo lo mismo Giuditta Pasta, la gran cantante que iba a aparecer en una de sus óperas por vez primera.

Junto al lago había visto muchas veces a la Pasta, además de vivir —discretamente— con su propia Giuditta y su familia. La Pasta iba a ser la protagonista de sus próximas tres óperas y de la realización de sus dos indudables obras maestras: *La sonnambula* y *Norma*. En una época en la que una ópera se hacía a medida de los cantantes, sus habilidades artísticas eran vitales para lo que Bellini pudiera confiar en lograr.

Esas habilidades eran muy amplias. Sus contemporáneos reconocían en ella a la "sublime" trágica que podía ser igualmente efectiva en una ópera bufa y que dominaba del todo la coloratura. Por encima de todo, era capaz de destilar pathos en la simplicidad clásica y en la grandiosidad. Aparte de los cambios de moda en el estilo de actuar, su arte tenía mucho en común con el de Maria Callas, incluso en las dificultades de técnica vocal con que se enfrentaron ambas; el problema de la Pasta —que se manifestó justo después de sus tres estrenos bellinianos— era que a veces cantaba de modo incontrolablemente desafinado.

Con Bellini, ella y su familia tenían ya amistad; después de que él y la Pasta hubieran trabajado juntos para dar vida a sus mejores óperas, ella se convirtió en un "ángel" hacia el cual él sentía una "agradecida adoración que solo acabará con mi vida" —un sentimiento real y comprensible.

Aunque la Pasta era muy versátil, le gustaba —y como artista excepcional, podía hacerlo— concentrarse en algunos papeles que le convinieran. Cuatro de estos, radicalmente distintos, nos sugieren lo que podía hacer con los papeles que Bellini tenía en mente para ella. Como Tancredi, en la ópera de Rossini, un papel de cruzado-amante, y como Romeo en la ópera de Zingarelli, había sacado adelante papeles masculinos no menos exigentes que el del héroe-bandido Ernani podía haber sido. Su Nina, la muchacha enloquecida por amor de la ópera de Paisiello, era el modelo que Bellini utilizó a conciencia para *La sonnambula;* lo que la distinguía era el pathos alcanzado a través de una extrema simplicidad de medios.

Giuditta Pasta y G. B. Rubini, los protagonistas del estreno de *La sonnambula* (Museo Teatrale alla Scala, Milán).

La Medea de Mayr y la Semiramide de Rossini estaban detrás de la heroína trágica Norma.

En cuanto a *Ernani* —la ortografía italiana de la obra—, Romani se retrasó como de costumbre, porque había aceptado demasiadas cosas: Bellini escribió el 17 de noviembre que no había podido componer nada por que no tenía las palabras. Sin embargo, debía haber escrito algunos de sus esbozos habituales sin palabras (dos entraron en *La sonnambula)*, y en algún momento dado, probablemente ese mismo mes, escribió fragmentos de música para textos en los que aparece un rey de España —que no siempre es el mismo. Esto apunta a las dificultades con la censura que pronto llevaron a Romani (como Bellini dice el 3 de enero de 1831) a dejar correr el proyecto por temor de "comprometerse", es decir, de correr el riesgo de un retraso grave.

¿Era esta la historia completa? Verdi conseguiría hacer pasar *Ernani* años después por la supervisión de un funcionario de los Habsburgo. Los censores lombardo-venecianos eran, antes de 1848, los más razonables de Italia; podía ocurrir que exigieran cambios, pero no necesariamente radicales, más que prohibir un tema de arriba a abajo. Los principales obstáculos en el drama de Hugo eran un suicidio a voz en grito —la religión y la moralidad en aquella época preocupaban más a los censores que la política— y un complot para matar a un monarca en ejercicio, desbaratado, sin embargo, por el valor y la magnanimidad de ese mismo monarca. Estos obstáculos podían haber sido vencidos, o sorteados, pero a costa de perder un tiempo precioso. Bellini, según han sugerido algunos, puede haber acabado perdiendo el gusto por ese romanticismo violento que representaba *Hernani*, o quizás quiso que su ópera se alejara de *Anna Bolena* de Donizetti, que iba a inaugurar la temporada de Carnaval con la Pasta en el papel principal. La propia Pasta puede que quisiera evitar aparecer en un melodrama sombrío tras otro. Todo esto son conjeturas: la segunda parte del año 1830 es uno de los períodos de la vida de Bellini del que sabemos menos cosas. Lo que sí sabemos es que el tema que él y Romani decidieron, a fines de noviembre o principios de diciembre, contrastaba mucho con *Anna Bolena*, con su extensa escena de la locura en espera de la ejecución.

De todos modos, el sonambulismo también apelaba al interés romántico por lo inconsciente y lo extraño. En *La sonnambula* se alude a un aspecto sombrío de la vida rural aparentemente tranquila, incluso aunque no lleve a nada peor que a un malentendido temporal cuando la joven e inocente novia Amina se mete en el dormitorio del conde en el hostal. El tema procedía de un ballet narrativo de París de tres años atrás; en aquella época el ballet y la ópera se pedían prestados los argumentos el uno del otro. Bellini no pudo empezar a componer hasta el 2 de enero, con solo siete semanas de tiempo, pensaba él, para el estreno previsto para el 20 de febrero, pero el 7 de febrero todavía estaba esperando el texto del segundo acto; la ópera tuvo su primera representación el 6 de marzo, y fue recibida con enorme aclamación. Él más tarde pensó que por haberla creado en seis o siete semanas sería "flojilla": de hecho, teniendo en cuenta su necesidad de trabajar despacio, debería haber fracasado.

Otra cosa que no sabemos es quién decidió alterar la historia original, trasladándola de la Provenza a Suiza y eliminando el pasaje en el que el conde reconoce a Amina como hija ilegítima suya —un corte argumental que se hizo tan aprisa que en la versión final el conde todavía ve en los rasgos de Amina un parecido inexplicable. Muchos han supuesto que Bellini exigió estos cambios para resaltar mejor la inocencia de los personajes y borrar las huellas de esa historia picante de *boulevard* parisién. El libreto daba pie a algún momento de este tipo, y no solo en los pasajes suprimidos; nos presenta al conde un poco como un asno pomposo y a los campesinos como unos tontitos bienintencionados. Sus situaciones también se prestan a la parodia, sobre todo el paseo de la protagonista por los bordes del techo del molino ante la consternación de todos los presentes (lo de cruzar por un puente podrido por encima de la gran rueda del molino fue una variante diseñada algunos años después de la primera representación). Pero Bellini, con su magia, disipó todos esos elementos potencialmente cómicos. Tal como escribe Francesco Degrada, supo "tratar con esa historia... en un estado de ánimo de extrema interiorización y de profunda y total seriedad y concentración emocional"; consiguió hacer de un mundo teatral de cartón piedra un mundo de golpe auténtico y real.

Lo que la música deja establecido —así lo razona Degrada en su comentario enormemente perceptivo— no es ni un pueblo real ni una convención pastoral; es, como en la poesía de Leopardi (o, podríamos añadir, de John Clare), un "paisaje soñado del alma", donde los personajes son "aspectos complementarios de un melancólico deseo de recobrar un mundo perdido de inocencia rural y de pureza; un mundo así puede volver a la vida solo a través de la ilusión del arte. La relación entre Amina y Elvino, en particular, es "una unión intensa y pura entre almas, en la que los valores ancestrales viven de nuevo, de un modo típico propio de una tradición meridional y católica; la poesía del matrimonio, de la familia, una tierna piedad hacia los muertos cuya muda presencia sobrevuela para bendecir a los vivientes, [lo cual] hace entrar a las dos figuras hacia una atmósfera que bien podríamos llamar religiosa". La "religión" que se invoca es la del sentimiento y la de una "participación fraternal" del mundo espiritual en la vida de los seres humanos y de la naturaleza.

No hay nada que ilustre mejor este tono de grave sencillez, cargado de sentimiento, que la llegada de Elvino para firmar el contrato nupcial. La inocencia de Amina ha quedado establecida en su aria de entrada y por el coro de campesinos en compás de 6/8, con su movimiento rotativo y con aspecto de danza popular, siendo la sección para voces femeninas ya por sí sola una destilación de frescura rural. Primero hay una frase un poco inestable que marca la llegada del notario, y luego seis acordes mínimos que modulan, pianísimo, mientras entra Elvino, producen una expectación que absorbe la atención[13]. A continuación viene su recitativo, animado y que lleva la voz a un suave si bemol. Ha llegado tarde porque ha ido a pedir "la bendición de un ángel para nuestros votos":

> prostrato al marmo dell'estinta,
> dell'estinta mia madre,
> oh!, benedici la mia sposa!, le dissi.
> Ella possiede tutte le tue virtudi;
> ella felice renda il tuo figlio
> qual tu rendesti il padre.
> Ah, lo spero, ben mio, m'udì la madre.

Ante las preguntas del notario, Elvino responde que él aporta al matrimonio "mis haciendas, mi casa, mi nombre y cuanto poseo". Las palabras parecen haber sido entresacadas de un muestrario victoriano de los primeros tiempos; pero la música, a la vez llana y cargada de sentimiento, no delata ni un solo rasgo de autocomplacencia ni de exceso. Respira sentimiento, no sentimentalismo.

Luego sigue el dueto "Prendi, l'anel ti dono", un extenso andante *sostenuto* en compás de 12/8 y en la bemol, que avanza ondulante a pasos pequeños formados en su mayor parte por tonos o semitonos, hasta que Amina lo rompe con su sección *allegretto* en fa menor "Ah vorrei trovar parole", una apagada mazurca chopiniana que gotea hacia abajo un

---

[13] Los últimos tres acordes fueron añadidos a la partitura después que la obra autógrafa hubiese entrado en ensayo, para establecer una nueva tonalidad de Re bemol para la cual, a fin de acomodar a los cantantes, el sucesivo recitativo y dueto tenía que ser traspuesto bajando del mi bemol original. F. Degrada, "Prolegomeni a una lettura della *Sonnambula*", en *Il melodramma italiano del settecento*, págs. 319–350; 344–345. Esto puede considerarse como un accidente afortunado.

poco antes de su tiempo. Aquí tenemos la música del amor tranquilo y seguro, con flecos de angustia ante el exceso de felicidad; la sección final ("Tutto, ah tutto in questo istante") explota con una alegría más vulgar. La mirada de Bellini, a la vez confiada y exacta, maneja emociones básicas de la humanidad. Mucho del arte victoriano las exageraría tan rápidamente como el arte de nuestro tiempo se apresura a rechazarlo, por cuanto mucho de ese arte está dedicado a los que entienden y a lo extremado.

La voz gobierna en *La sonnambula* de un modo como no lo había hecho en ninguna de las óperas anteriores de Bellini. Está siempre presente, a veces sin acompañamiento, pero la mayor parte de las veces lleva un ligero apoyo instrumental. Emprende vuelos de coloratura impensables en *La straniera*. No es que la ornamentación sea un mero artificio. Giuditta Pasta, para quien fue escrita esta ópera, podía ser un águila o una paloma, pero no era nunca un canario.

El recitativo de entrada de Amina y su aria doble ("Come per me sereno") es una canción de alegría en el día de sus esponsales, decora su línea sinuosa con *fioriture,* muy adecuadamente calificadas por Weinstock de "exhalaciones naturales" de la confianza de la muchacha en el amor. La *cabaletta* ("Sovra il sen la man mi posa") lleva consigo una escala descendente de veinte notas y explota en una ornamentación en *staccato* que puede sugerir, de acuerdo con la entrega dramática de la cantante, un éxtasis de placer o un pastel maravillosamente decorado; no hay duda de cuál era la intención del autor. (Estos efectos alternativos nos los demuestran muy bien las grabaciones de Callas y Sutherland.) El segundo dueto de los amantes, nacido de un malentendido producido por los celos que acaba en el restablecimiento de la armonía ("Son geloso del zeffiro errante") "parece", dijo una crítica de la primera representación, "una competición de trinos, escalas y *roulades*, pero es algo grande en su género". Los trinos de los amantes y sus melismas con aspecto de ola, preciosos por sí mismos, se apagan; el dueto, ya sombreado por una característica excursión al modo menor, termina en unas melodías que caen y que nos transmiten una sensación de pureza firmemente profundizada, hasta que los amantes intercambian el tranquilo motivo de aspecto popular "incluso en sueños mi corazón te verá". La exhibición vocal es en todo momento una carrera de sentimientos.

El ejemplo primordial de lo que Bellini podía hacer ahora con la voz está en la célebre aria ("Ah non credea mirarti"), en la que Amina, todavía sonámbula, mira las flores que Elvino le dio y recuerda su estado de desolación. Aquí tenemos el tipo de "melodía larga, larga, larga" admirada por Verdi, "tales como nadie las había escrito antes". En contraste con el plan usual de Bellini de secciones cortas repetidas y modificadas (*a1, a2, ba2)*, la doliente melodía en la menor evoluciona sin repetirse a través de once compases; luego la breve interjección de Elvino ("No puedo soportarlo ya") la continúa, pero en el tono relativo mayor, mientras Amina lo arrastra de nuevo hacia el tono menor; incluso cuando ella pasa durante un tiempo a Do mayor, las intervenciones astutamente dispuestas de los instrumentos de madera evitan una cadencia plena, y el recorrido melódico parece avanzar sin fisuras hasta su lamento final sin palabras. Después del despertar de Amina y de la reconciliación de los amantes, la *cabaletta* ("Ah!, non giunge uman pensiero") ya solo tenía que ser una exultación hecha de saltos.

El aria de desesperación de Elvino ("Tutto è sciolto"), de un modo más breve, es intensa. El aria del conde ("Vi ravviso, o luoghi ameni") ha sido calificada de verdiana, pero son más bien las arias verdianas de barítono (como "Il balen' del suo sorriso", en *Il trovatore)* las que miran atrás hacia Bellini con su legato a la vez melifluo y poderoso. De las dos arias para Lisa, la hostelera, una es agradable y la otra es brillante, pero ninguna es memorable; sirven para el personaje de esta mujer opuesta y enemiga de Amina. *La sonnambula* no tiene momentos flojos.

Bellini entretejió la presencia de los coros en la narración de modo más cerrado de lo que era usual en la ópera italiana de entonces, y elaboró hasta el límite su nueva y económica orquestación.

Los coros son justo lo que requieren las situaciones; no son de exhibición, pero son muy adecuados. La música ni rebaja a los pueblerinos ni les da más importancia de la debida. Cuando evocan al supuesto fantasma que ha sido visto deambulando, el ambiente que crean, con trompas tranquilas y cuerdas en *pizzicato*, es de una moderada ansiedad dentro del idilio; el coro del inicio del segundo acto, en un compás de 3/4 que refleja una gentil preocupación, seguida de una resolución, nos muestra a un grupo de gente limitada pero humana que trata de hacerlo todo lo mejor que puede. Alusiones a música de gaita marcan su cambio de estado de ánimo, así como precedieron la historia del fantasma, y nos explican el tipo de campesinos ideales que son. El coro (con las voces de hombre y de mujer diferenciadas) hace de fondo silábico de la sección lenta del *finale* del primer acto: una gran melodía que se balancea en compás 12/8 se extiende desde el pasaje solista de Elvino hasta un quinteto para los personajes principales, en los que las voces se caen y se elevan como las olas del mar, con el tiempo en suspenso; mientras esta pieza tan efectiva se desarrolla, los pueblerinos son la comunidad cuya observación provoca la vergüenza de Amina.

Por el hecho de haber reducido la orquestación a un mínimo, Bellini se ganó las malas notas que le han perseguido desde entonces. Esto ocurrió primero en Francia, junto con Alemania como patria de la música orquestal de su tiempo. Era, escribió Berlioz en su necrológica, "inhábil en la organización musical a gran escala, poco versado en la ciencia de la armonía y virtualmente ignorante en materia de instrumentación"; en conjunto, un "músico de segunda fila", aunque con algunas virtudes "ingenuas". Rossini, que entonces era de hecho un compositor francés, usó un lenguaje más discreto en sus comentarios y en sus sugerencias a Pougin, el biógrafo francés de Bellini, pero su fondo venía a ser muy parecido. Hacia fines del siglo XIX, la "pobreza" de la orquestación belliniana era cosa admitida por músicos como Wagner y Verdi, quienes lo admiraban por otros motivos.

Pero incluso entonces había unos pocos que mantenían que los procedimientos de Bellini eran a la vez conscientes y correctos. El compositor Ferdinand Hiller, que lo había conocido en París, escribió en una memoria que demuestra buena percepción, aunque sea a veces inconsistente, que su orquestación podía no parecer gran cosa, "pero él sabía muy bien lo que quería, y estaba muy lejos de ser un artista ingenuo *(Naturdichter)* como muchos han pretendido presentarlo.

Era parco en armonía "picante" —Hiller señalaba el primer dueto de *La sonnambula* "Ah vorrei trovar parole", donde aparece un matiz emotivo a través de dos modulaciones en los acordes del acompañamiento en dos medios compases—, pero lo que hizo en este pasaje, junto con otras muchas cosas en su labor, eran pruebas de su "percepción aguda, cálido sentimiento y total dominio de los recursos". Otro compositor alemán contemporáneo, J. C. Lobe, rechazó las habladurías acerca de la "ignorancia" de Bellini y elogió su escritura orquestal desnuda como destinada para poner de relieve la línea vocal, aunque él también vio "pobreza" en la escritura puramente orquestal de sus oberturas y sus momentos de transición. Fue el compositor italiano Ildebrando Pizzetti quien, en un notable estudio publicado por primera vez en 1915, juzgó que lo que otros llamaban "pobreza" no eran sino "renuncias voluntarias impuestas por una sensibilidad de una delicadeza y pureza extraordinarias".

El propio Bellini escribió, en respuesta a una opinión de Florimo de que debería reorquestar su *Norma* para ajustarla al gusto francés: "Estás equivocado: aquí y allá tal vez podría funcionar, pero en general lo encontraría imposible debido a la naturaleza llana y fluyente de las melodías, que no admite ningún otro tipo de instrumentación que la que ya tiene; esto lo he pensado a fondo" (13 de agosto de 1835). Wagner, cuando intentó llevar a cabo este trabajo, llegó a la misma conclusión. En los años más recientes, la visión de Bellini se ha impuesto mucho más, pero los antiguos clichés no se han desvanecido aún.

La sonnambula está llena de efectos orquestales que impulsan el drama hacia delante, pero son tan deliberadamente sencillos y refinados que pueden escaparse a los oídos más hechos a la música romántica tardía. Son simplemente tres acordes modulantes, espaciados, los que acompañan a Amina hasta haber dejado ese paso sobre la rueda del molino que está a punto de ceder bajo su peso, y la llevan hasta abajo, sana y salva; no se necesita más. Las trompas, el instrumento romántico por excelencia, ocupan su lugar en este punto; acompañan otros varios pasajes y sumergen la ópera en un ambiente de recuerdo y de distancia, siempre con mucho tacto. Los más breves cambios de modo o de tonalidad señalan algún cambio en el sentimiento, como cuando un acorde en re mayor en el coro del "fantasma" en Mi bemol mayor deja pasar de largo a la visión fantasmagórica. Incluso los acordes repetidos en pizzicato o las figuraciones arpegiadas tienen un encanto propio, a menudo porque sus ritmos son discretamente delicados y correctos; el joven Wagner (escribiendo acerca de *Norma*) pensaba que la "estructura periódica sólida y regular" del acompañamiento orquestal bajo la línea vocal fluctuante lograba una dialéctica sutil de movimiento y quietud, y arrancaba a la ópera italiana de la rutina.

El público moderno puede oírlo todo, pero solo si el director y los intérpretes creen en la obra; echar *La sonnambula* como un bocado para los apasionados del bel canto no funciona. Grave y sencilla, íntimamente resistente, la ópera está en oposición a la época presente, que encuentra un obstáculo en la inocencia; a algunos incluso puede parecerles ridícula. Sin embargo, con el tiempo, la risa no se quedará con ella.

Otra vez nos encontramos con que sabemos muy poco de la vida cotidiana de Bellini en los meses que van desde el triunfo de *La sonnambula*, en marzo de 1831, y la noche del estreno de *Norma*, el 26 de diciembre. Como antes, pasó la mayor parte de los meses de julio y agosto en el Lago de Como; es ahora cuando empezó a pensar en casarse un día con la hija de la Pasta sin que esto —por lo que parece— empañara aún su relación con la Turina. Aparte de su trabajo en *Norma*, todo lo que sabemos es que denunció a los piratas de la partitura de *La sonnambula* y que pensó en una posible ópera para Nápoles.

Por el momento, sin embargo, Milán lo mantenía ocupado. Desde abril, por lo menos, sabía que escribiría la ópera inaugural de la temporada de Carnaval en La Scala, con la Pasta y el robusto tenor Domenico Donzelli como protagonistas, y el 27 de julio ya sabía el tema; Romani, dijo, lo había escogido (puede muy bien ser que lo hubiesen escogido juntos) para que se adecuara al "carácter enciclopédico" de la Pasta —su prodigiosa versatilidad como actriz tanto como cantante. Fue una suerte que Romani, por una vez, estuviera listo a tiempo: entregó la primera escena el 31 de agosto. Bellini, de regreso en Milán, se puso a trabajar a primeros de septiembre; tenía tres meses para completar la ópera antes del primer ensayo, probablemente el 5 de diciembre, y parece haber adquirido un sentido inusual de calma ante una epidemia de cólera que entonces afectaba a Viena, y que parecía probable que llegara a Milán y cerrara los teatros.

Los esbozos que se han conservado nos muestran que el compositor y el libretista trabajaron estrechamente unidos, con mucha revisión y cuidado. Bellini no obligó, como dice la leyenda, a Romani reescribir la "Casta diva" diez veces, pero sí que sacó varios esbozos; cortó frases superfluas y usó otras para construir estructuras musicales poco convencionales que el libretista no había previsto.

¿Quién fue el que escogió convertir un melodrama violento en una tragedia clásica en música? La obra de teatro de Alexandre Soumet era tan novedosa en el París de 1831 como lo había sido *Hernani* el año anterior: tenía menos de cuatro meses de existencia. La sacerdotisa cuyo amor por un oficial supone un sacrilegio y una traición era un tema de moda en los primeros años del siglo XIX, combinando así un marco neoclásico con un temblor romántico; en algunas versiones, ha tenido hijos de su amante. Soumet extrajo su obra de *Les Martyrs* de Chateaubriand, un solemne precursor del Romanticismo que situó esta historia, de nuevo siguiendo la moda, en la Galia romana, pero basándola también en la *Medea* de Eurípides. Esto lo llevaba a un telón final sensacional: Norma mataba a sus niños y se lanzaba desde lo alto de una roca. Bellini y Romani, sin embargo, se quitaron de encima tanto el asesinato como el suicidio. La escena de renuncia y reconciliación que diseñaron en cambio repercutió en la ópera en conjunto. No solo le dio a la heroína una nueva humanidad y dignidad; el colocar una explosión de emoción colectiva al final significaba romper con el modelo establecido en el que un final semejante solía cerrar la primera parte, mientras que para terminar la ópera lo usual era una exhibición de pirotecnia vocal por parte de la *prima donna*.

De acuerdo con una carta que nos ha llegado solo a través de la publicación de Florimo, fue Romani quien insistió en terminar el primer acto de modo poco ortodoxo con un trío de fuerte dramatismo. Esto le daría el mérito de haber dado una nueva estructura y carácter a la obra en conjunto. Ahora que hemos visto cómo Florimo falsificaba partes de las cartas de Bellini para reforzar la parte de Romani en su labor conjunta, esta carta también debe ser considerada poco fiable; su estilo suena a falso, además. Hasta que no aparezcan nuevas pruebas de ello, deberemos considerar que Bellini tuvo al menos igual parte en la configuración de *Norma* apartándola del sensacionalismo y convirtiéndola en alta tragedia. Con razón consideraba él que las últimas escenas "están entre las mejores cosas que he hecho hasta ahora" (31 de diciembre de 1831). Al compositor de una de las mejores medias horas de toda la historia de la ópera, se le puede atribuir el haber tenido mucho que ver en la invención de esta concepción dramática fundamental.

Aunque *Norma* ha sido vista en nuestro siglo con cierto temor como una ópera especial, para ser representada cuando pueda tomarla a su cargo una soprano dramática de dotes sobresalientes, en 1831 se presentó a juicio como una ópera nueva más, ensayada en las tres semanas de costumbre. Cierto que la Pasta se dio cuenta de lo que estaba en juego: cuando llevaba dos o tres días de ensayos declaró que si fracasaba en este papel se retiraría de la escena. Tenía razones para estar nerviosa. La noche del estreno se acercó mucho al fracaso. Tenemos que desestimar como falsificación completa y casi segura la carta publicada por Florimo en la que que el compositor dice "fiasco!!!, fiasco!!!, un completo fiasco!!! No solo es ajena a su estilo; contradice lo que Bellini escribió en otras cartas auténticas.

Aquí informó de que el primer acto resultó plano, sobre todo porque los cantantes estaban fatigados. Habían ensayado el segundo acto aquella misma mañana; cuando llegaron al trío que precedía la caída del telón "ya no podían cantar ni una nota" —desautorizando así dos veces a quienes creían que ese telón resultaba poco ortodoxo. El acto segundo, sin embargo, fue bien y motivó cuatro salidas a escena; los cantantes, podemos imaginar, se habían recobrado durante el ballet que llenaba el intervalo. En su segunda y tercera representación, la ópera obtuvo un gran éxito.

La fatiga es seguramente la explicación básica: el calendario apresurado de la ópera italiana había dado un inicio incierto a más de una ópera después considerada como básica. Bellini, sin embargo, añadió que un "personaje poderoso" (el duque Carlo Visconti di Modrone) había influido en los críticos por hostilidad hacia la Pasta, mientras que la condesa Samoyloff, amante de Pacini, había pagado a una facción para que chillara. Esto puede ser cierto. Visconti era un miembro de la junta supervisora de La Scala, teatro en el que la Pasta, cantante milanesa, notoriamente, no había sido contratada hasta entonces; pagadas o no, había facciones rivales pro-Bellini y pro-Pacini en el teatro. En todo caso, la ópera consiguió pasar adelante. El público, cosa que se ha silenciado de modo inusual, acudió a treinta y cuatro *Normas* solo en la primera temporada.

En los años siguientes, *Norma* fue escuchada en toda Europa; hacia 1838 un teatro menor de Nápoles la representaba dos veces cada noche. Estas representaciones de repertorio, a veces débiles hasta los límites de la parodia, continuaron hasta los años 1880 —en Italia hasta aproximadamente los años 1920. Bellini al principio había sido reacio a dejar que la cantara ninguna otra *prima donna* que no fuera la Pasta o su rival Maria Malibran. La representación definitiva, pensaba Bellini, había ocurrido durante la temporada de la feria de agosto de 1832. La Pasta, que ahora ya estaba plenamente en su papel, "le arrancó muchas lágrimas"; con un tenor y una mezzo más fogosos, "*Norma* dejó atónita a toda Bérgamo" (23 de agosto de 1832). Bellini no podía prever las posteriores malas imitaciones, pero, como nosotros, consideraba su obra como algo especial.

Lo que hace especial a *Norma* es su capacidad de alcanzar la grandeza trágica a través de su organización musical. Su parentesco con la tragedia griega resultó clara para el joven Wagner y, un poco más tarde, para el filósofo Schopenhauer: "Pocas veces", escribió, "se ha visto lo verdaderamente trágico preparando la catástrofe, conllevando la resignación y la elevación espiritual [del héroe y la heroína], destacándose tan puramente motivado y tan claramente expresado."

Los medios eran, por un lado, la melodía, tanto "la sencilla, noble, hermosa canción" (Wagner) como "la verdad y el poder de la declamación" (Verdi); por otro lado, el haber torcido las estructuras usuales de la ópera italiana para crear un drama musical.

Véanse las escenas de clímax que Bellini pensaba que eran sus "mejores creaciones hasta entonces". Empiezan cuando el infiel procónsul romano Pollione entra a rastras —ha sido capturado cuando estaba violando el santuario; la noticia de que está intentando raptar a su en otro momento rival Adalgisa ha sido la que ha llevado a Norma a golpear el gong sagrado y a desencadenar una guerra patriótica. Hasta entonces la ópera nos ha mostrado a una mujer poderosa, pero vulnerable: capaz con sus palabras iniciales de calmar a las inquietas tribus (y a su propio padre) por la fuerza de su personalidad, de noble dicción en su plegaria a la luna, alternativamente fiera ante su ex amante y amable con la joven novicia que él ha sobornado, tentada de matar a sus propios hijos (para evitar que sean "esclavos de una madrastra" en Roma), y sin embargo dominada por su amor hacia ellos. Lo que sigue, a partir de la entrada de Pollione, está marcado en la partitura de canto como "Escena y dueto" y "Escena y aria final"; Bellini le dio el nombre de dueto y "un *finale* construido sobre una pieza concertante y una *stretta*". Nosotros lo podríamos calificar de drama musical logrado gracias a la modelación y la fusión de elementos de las formas operísticas italianas para formar un todo continuo.

pable jusque dans les bras de son amante ! — En disant ces mots, elle s'a-
vance vers le lit de ses fils et lève le poignard... mais, saisie d'horreur à ce

Norma amenaza con matar a sus hijos (Civica Raccolta Stampe, Milán).

Norma como sacerdotisa tendría que matar a Pollione; ella descubre que
no puede hacerlo y ordena que todos se vayan con el pretexto de que tiene
que interrogarlo. Este intercambio de palabras, como otros que vienen más
tarde, nos devuelven a la declamación silábica de *La straniera*, pero su
línea —entrecortada, como corresponde a los estados extremos de sentimiento— parece inevitable allí donde a veces parecía arbitrario. Bellini
ha absorbido plenamente sus experimentos radicales en su estilo más
maduro. Cuando en la escena siguiente Norma se da cuenta de la injus-
ticia que está a punto de hacer denunciando a Adalgisa, y se denuncia a
sí misma en su lugar, las frases "Son io" (una quinta ascendente y caden-
te con una mínima en el ápice) y "Norma non mente" (un mi bemol repetido que termina en una caída de una octava) difícilmente podrían ser
más sencillas, pero es la sencillez de lo heroico.

Antes de eso viene "In mia man alfin tu sei", que no es ni un aria formal ni un dueto tal como estos se entendían, sino una confrontación
solemne en su despliegue, con la música puesta en las palabras solo por
la *acciaccatura* o giro ocasional; mientras Norma le ofrece salvarle la
vida a Pollione si deja a Adalgisa, uno y otro "hablan" en un segmento de
la línea melódica. David Kimbell nos lo explica bien:

La calma, la tensión, el jaque mate de voluntades que se refleja en la calma inmóvil de nada menos que veintiséis compases sin ni un asomo de modulación; la súbita visión de libertad, de escapatoria, cuando la música se abre a la dominante en do mayor; el inexorable retorno a la tónica y el tema inicial, cuando Pollione rechaza el trato; el giro a re menor y a la aceleración gradual en la emisión de las palabras cuando Norma empieza a darse cuenta de que debe renunciar a conquistar la voluntad de Pollione — todas estas cosas representan una perfecta fusión de música y significado.

La furia de Norma estalla entonces en un chaparrón de arpegios y giros y una secuencia creciente de trinos: los romanos perecerán y Adalgisa irá a la hoguera. Esto nos lleva directamente a la penetrante *cabaletta* ("Già mi pasco ne' tuoi sguardi"), a un persistente choque de voluntades que ahora se ha vuelto desesperado, y a la resolución en el momento en que Norma vuelve a llamar a los galos.

Telón de fondo de Alessandro Sanquirico para la escena del bosque de la producción original de *Norma*, en 1831 (Museo Teatrale alla Scala, Milán).

Cuando se ha denunciado a sí misma cae de pronto un silencio terrorífico. ¿Cómo describiremos lo que ocurre a continuación? "Qual cor tradisti" parece la sección lenta de un *concertato finale*, en el que van entrando primero la soprano, luego el tenor y finalmente el bajo y el coro. Pero (Bellini lo etiqueta así, sin embargo) no nos conducirá a una *stretta* convencional, ni es un *largo* convencional.

Un núcleo poderoso de cinco notas sobre un acompañamiento que se balancea, repetido en distintos puntos de la escala con un ritmo que no cambia: aquí existe la simplicidad misma, variada solo por ornamentaciones de semicorcheas o de tresillos en los finales de las frases, y a través de una modulación que da la sensación de abrirse hacia fuera. Sin embargo, esta es la música a la vez de la quietud y la reconciliación, con la muerte, voluntariamente elegida, que para Norma y Pollione es el único posible signo de amor. Así será también, casi sesenta años más tarde, para otra pareja que se habrán bloqueado el uno al otro cualquier otra salida que hubieran podido tomar: los amantes en el *Rosmersholm* de Ibsen; Rebecca y Rosmer alcanzan "el amor más alto", pero el precio de su "ennoblecimiento" —como lo percibió Schopenhauer— es lo mismo que funciona en "Qual cor tradisti": Norma y Pollione encuentran en sus conciencias la fuerza para purgarse a sí mismos —de la ira, el orgullo y el deseo: el amor vuelve de golpe, pero conduce a la pira funeraria. Cuando Oroveso y el coro se les unen, sus palabras (que es muy difícil que se oigan) expresan la esperanza de que todo esto sea todavía falso, pero su música satura el clímax en la superación de la pérdida para alcanzar la serenidad.

En mucho de lo que ahora sigue, la comunidad y los amantes condenados están otra vez musicalmente de acuerdo, aunque sus palabras divergen. Para empezar oímos a los galos preguntarle cosas a Norma en rápidos intercambios. Ella recuerda a los niños, primero como "míos", después, significativamente, volviéndose a Pollione, como "nuestros". Sobre un acompañamiento calmado a pasos firmes, ella se lo confiesa a su padre en un lamento en forma de arioso y le ruega que cuide de ellos; el coro se une a Oroveso en expresar horror. Ella, entonces, en medio del silencio general, se alza por dos veces hasta el sol agudo (*fermata*) y la segunda vez hasta el la y el si agudos seguidos de un camino de descenso largo y cromático: es la persona entera que se extiende en su petición de piedad.

Otro silencio pone en marcha, sobre una figuración repetida con aspecto de suspiro, su *cantabile* "Deh, non volerli vittime", el lamento de una heroína, que conmueve el corazón, pero contenido. Oroveso resiste, luego cede: "el amor ha vencido", la reconciliación es completa. El coro ha entrado cuando la primera sección, en mi menor, da paso al mi mayor; pero aunque sus palabras evolucionan de la hostilidad a la maldición, Bellini los mantiene como un terreno musical que sirve de base a los angustiosos intercambios de opinión entre los protagonistas. El libreto nos los muestra exigiendo que Norma y Pollione vayan a la hoguera; la música, hasta unos pocos últimos e importantes compases del final, representa a una colectividad doliente que permite manifestar a los protagonistas su grandeza y su dolor.

Desde su tranquilo inicio —con un si central repetido seis veces, tres de los cuales son notas con puntillo, y con un añadido elegíaco al final— este *cantabile* se alza lentamente a través de una serie de cuatro frases de dos compases, todas empezadas con la nota tónica. Tal insistencia —como nos ha demostrado Lippmann— produce inmediatamente una "enorme intensificación expresiva" y retrasa el clímax, otra súplica que se eleva dos veces hasta el sol, la segunda vez hasta el si agudo, cada vez descendiendo paso a paso en tresillos; la súplica del universo dolorido. Esto desencadena la sección principal. El drama avanza, las maderas hacen oír un nuevo tema, una frase hambrienta respondida por otra que impone calma, la primera cantada por Norma, la otra por Oroveso; el padre cede; la orquesta enriquece más la textura con una breve frase repetida, que asciende semitono por semitono en medio de una disonancia deliberada y mucha contención —precursora de las secuencias cromáticas del *Tristán e Isolda* de Wagner— la tensión favorecida por un lento crescendo que conduce al *fortissimo* y que rápidamente se apaga; todo el proceso se repite; la tonalidad regresa al mi menor *(allegro agitato assai)* y la escena se precipita hacia su fin en medio de angustiosos adioses.

"Nadie", escribió Alfred Einstein en 1935, "que sepa lo que es la música puede salir de *Norma* sin estar lleno a rebosar de las últimas páginas de este acto". No solo muestran la superación de la bajeza de cada uno de los tres personajes, sino incluso —prescindiendo de las palabras— de la de esta comunidad que anda suelta. Bellini ha fundido varios episodios textuales en diferentes ritmos para crear lo que Kimbell llama "una forma musical única, capaz de provocar lágrimas y crear pathos y de introducir desesperación ante la catástrofe en un solo *cantabile*, largo, extático y mantenido". Esta saturación de la forma en un sonido creador de éxtasis es una de las características del Romanticismo en música. Sin embargo, si nos preguntamos dónde pudo haber encontrado Bellini un modelo para este *finale*, la respuesta tiene que ser en Rossini, en *Semiramide* (el conjunto "Quel mesto gemito", cuyo *ostinato* apagado es un precursor de "Qual cor tradisti") y, por encima de todo, en el *finale* de *Guillaume Tell:* en esta la saturación del sentimiento colectivo en la música denota la alegría solemne y universal, pero los medios no son muy distintos de los que usa Bellini para un acto de luto colectivo ante la caída de una heroína. Ambos compositores mantienen la profundidad romántica de la emoción dentro de una forma cuya dignidad sigue siendo clásica[14].

La grandeza, aliada con la forma innovadora, señala el resto del papel de Norma. Un crítico a la antigua de la primera representación en Londres se quejaba de que la ópera "no tiene arias". Quería decir que solo Pollione tenía un aria doble, sin que sus mitades fueran interrumpidas por nadie más. Norma, su declamación aparte, siempre canta con otros solistas o con el coro que al menos le sirve de marco musical. Esto realza su estatura; su primerísima escena dura más de un cuarto de hora, e incluye una marcha, un recitativo declamatorio elocuente, un aria doble que la flauta y la orquesta anticipan, y el coro, o bien se incorpora a ella o la interrumpe. Vemos y oímos en ella a la sacerdotisa capaz de guiar a su pueblo, pero también a la mujer preocupada y enamorada, aislada del mismo.

Haciendo pareja con el *finale* del segundo acto, esta escena se alza también en "Casta diva" a un clímax alcanzado en parte por los mismos recursos de lento crescendo, de secuencias que se levantan y se retrasan, e intensificaciones graduales del sonido orquestal, en parte mediante breves oscilaciones que lo hacen salir y entrar en el tono menor —en la tonalidad de fa que, en las palabras de Failla, "es tocada, soltada y tomada de nuevo como si quemara". La melodía de "Casta diva" siempre ha sido famosa incluso cuando la reputación de Bellini estaba en la cuneta. Se despliega tomándose su tiempo, en compás de 12/8 *(andante sostenuto assai)* durante quince compases sin una repetición, y en el clímax en *fortissimo*, que se retrasa hasta los compases 13 y 14, la voz se amplía hacia el si bemol agudo y empieza un descenso lento en forma de lazo, como un pájaro brillante que diera vueltas bajo un cielo iluminado por la luna.

Situar el clímax cerca del final de la melodía era un modo de impulsar la intensidad romántica del que Bellini fue el pionero. Ocurre en varios otros números, y sobre todo de manera muy notable en los dos duetos para Norma y Adalgisa y en el trío dinámico hacia el final del acto I. El primer dueto, "Sola, furtiva al tempio", con delicada exactitud, establece la situación: mientras Adalgisa confiesa, Norma, al darse cuenta del pare-

---

[14] Hay probablemente también una cierta influencia de los conjuntos de *La Vestale* de Spontini, bien conocida en Nápoles cuando Bellini estaba estudiando allí. El paralelo que se quiere trazar con la nobleza de las óperas de reforma de Gluck está quizás más en la mente de quienes las han oído después que en la de Bellini, aunque *Iphigénie en Aulide* se había representado en el San Carlo de Nápoles en 1812 y tal vez llegó a ver una partitura de esta ópera en la biblioteca del Conservatorio.

cido de sus respectivas historias, se siente movida a hablar, al principio solo consigo misma. Sus autoconfesiones en recitativo cabalgan sobre la anticipación, en la flauta y la orquesta, del tema principal, mostrando así que esta exquisita melodía es "tanto la música de su corazón como del de Adalgisa" (Kimbell), y en el resto del dueto las voces se interfieren hasta que la creciente simpatía entre ambas mujeres las junta en terceras melismáticas. Este efecto, similarmente justificado, cierra también el dúo del acto II, con una estructura en tres partes cuya sección central andante, "Mira o norma", es otra pincelada de la simplicidad belliniana, en la que las voces sueltan, principalmente en pasos de un tono o de un semitono, su carga de gracia.

La talla dramática de Norma emerge por completo en el trío y, después del descanso, en la escena en la que piensa en matar a sus hijos ("Dormono entrambi"). El trío no puede ser más enérgico: una tempestad organizada; ¿cómo pudo Bellini ser tenido jamás por un compositor meramente "elegíaco"? Norma lo inicia —acaba de darse cuenta de quién es el que pretende a Adalgisa— con un estallido de *fioriture* tremendamente amenazadoras y escalas descendientes ("Oh, non tremare"); dos veces se eleva hasta el do agudo. Luego continúa tratando de poner a Adalgisa de su parte en un urgente tiempo de 9/8 *(andante marcato,* "Oh! di qual sei tu vittima"). Oímos cómo Adalgisa cambia de campo musicalmente; aunque las palabras nos la muestran ya separada de Pollione, al principio canta con él y luego, cuando la melodía se ablanda y se extiende ("Fonte d'eterne lagrime"), se une a Norma; en un diálogo declamatorio Adalgisa se niega a seguir "el destino" que su amante intenta imponerle. Norma es la que pone en marcha otra vez el *allegro* final lleno de impulso —los tres eventualmente cantan juntos, basándose solamente en el ritmo y en la ira; los cinco si agudos de Norma coronan una *stretta* en la que se mantiene todo el tiempo por encima del pentagrama.

Si el trío desmiente el carácter "elegíaco" del compositor, el preludio del acto II desmiente que sea un compositor poco adecuado para el lenguaje orquestal. Una figura para cuerdas con aspecto de suspiro, deja paso a la más triste de las "largas, largas, largas melodías" de Bellini, un dolor solitario que se desenvuelve por encima de las corcheas en pp que palpitan, repetidamente, y que son su modo de señalar un dolor interior. Verdi no sería ni más expresivo ni más conciso en el preludio del último acto de *La traviata*, una pieza inspirada en esta. Cuando Norma aparece, daga en mano, unos fragmentos de la primera parte del preludio se intercalan en sus esfuerzos para darse coraje. Una pequeña figura en *ostinato* la contiene; y mientras se disuelve su fiereza en sentimiento materno ("Teneri figli"), retoma la melodía del dolor solitario y lo sigue del todo hasta el final. Sin embargo, se convence a sí misma de llevar a cabo otro intento; levanta la daga; se vuelve a fundir, ahora con una serie de acordes alternados. Por un lado, esta viene a ser una escena de declamación para una poderosa actriz cantante; por el otro, es una doble aria en miniatura, refinadamente reducida a lo esencial casi como lo serían las de Verdi sesenta años más tarde en su *Falstaff*. Bellini aquí conjura las formas de la ópera italiana para convertirlas en drama musical.

El verdadero asunto de *Norma* es Norma. Cuando ella está en escena, la ópera está vibrantemente viva. El resto se halla en otro plano. A menudo se ha dicho que era desigual. Algunas cosas solo funcionan si el cantante logra hacer llegar las palabras italianas y si el público puede entenderlas; si no se da ninguna de las dos condiciones, incluso las escenas declamatorias de Norma pueden caer en picado. Esto nos dice solo que el medio elegido por Bellini era la unión de la palabra con la música.

El propio Bellini escribió acerca del aria de Pollione, y especialmente de la *cabaletta* y de su dueto con Adalgisa, que al público de Milán no le gustaron —"ni a mí tampoco". En otra carta, sin embargo, aclara que no le gustaron del modo en que los "fríos" cantantes milaneses las interpretaron. En Bérgamo, ocho meses más tarde, todo estaba "mucho más vivo y más lleno de espíritu"; el nuevo tenor Domenico Reina cantó la *cabaletta* "con tanto fuego... que todo el mundo pensaba que yo había escrito una nueva" (28 y 31 de diciembre de 1831, 23 de agosto de 1832). Bellini tenía razón en pensar que una interpretación con espíritu podía sacar mucho partido de esos números, y lo mismo puede hacer un bajo impresionante en las dos arias de Oroveso con el coro; pero su música, aunque bien cortada, es un tanto genérica. Incluso la *cabaletta* de "Casta diva" ("Ah!, bello a me ritorna", una melodía reciclada de dos óperas precedentes) no pasa de ser muy eficiente en su contexto.

La música militar es el verdadero obstáculo. No me refiero al pesado coro "Guerra!, guerra!". El viejo Zingarelli, cuando leyó por primera vez la partitura exclamó que era "exactamente correcto" y "magnífico" —"¡y qué *bárbaramente* suena!". Así es. La partitura que estaba mirando puede ser que no incluyera la coda visionaria, en la que los guerreros que han estado exigiendo sangre a gritos de pronto se postran en una plegaria rodeados de un halo de arpegios y trinos del arpa; Bellini lo cortó después de la primera representación para no alargar la escena —el coro ya le había dado bastante trabajo—, pero ese efecto extraño ya estaba impreso y los teatros de ópera suelen generalmente incluirlo en las representaciones. (*Norma*, como otras muchas óperas italianas de su tiempo, no tiene ningún texto final autorizado por el compositor; esta es la más notable de las distintas variantes.)

Lo que llama la atención a los oídos de los no italianos como incongruente, e incluso cómico, es la marcha que precede y termina "Casta diva". Los druidas, parece indicarnos, hacían funcionar una banda de pueblo que sonaba a hoja de lata, y sin embargo esta marcha sirve de marco a una escena de misterio y profecía. Esto procede de la moda de música para banda militar puesta en circulación por la Revolución Francesa. La moda perduró en Italia, como parte de un inocente gozarse en cosas como los Bersaglieri marchando de dos en dos, con cornetas en los labios, plumas de gallo dando saltos en sus cascos —un espectáculo que hoy en día hace sonreír a un comentarista de noticias endurecido de la BBC como Michael Buerk, pero en su patria esos hombres de la infantería ligera son considerados un regimiento de fábula. La resaca de la música revolucionaria para banda que hay en *Norma* actúa como una cámara de aire.

"Guerra!, guerra!", junto con la profecía de Oroveso de que la intervención divina "librará a la Galia de las águilas enemigas", han convencido a muchos de que *Norma* es una ópera nacionalista italiana que predica la revuelta contra Austria. En los primeros quince años, aproximadamente, de su carrera no era nada de esto. Podía ser representada en Cremona en 1838 en presencia del emperador austriaco que visitaba la ciudad sin ningún cambio; los cantantes formaron todos para interpretar el himno imperial en medio del clamor general. Solo en los momentos inmediatos a las revoluciones de 1848 pudieron esas palabras desencadenar manifestaciones nacionalistas, y de nuevo justo antes de la guerra de independencia de 1859. En tiempos menos febriles, el tema de una revuelta dirigida contra Roma más bien suponía problemas para los nacionalistas. Mazzini, que pensaba que su contemporáneo Bellini era un artista poco "progresivo", puso en marcha un culto a Roma tanto en su condición de capital necesaria de una Italia unida como en la de gesto dirigido al mundo entero. Más tarde, Mussolini explotó descaradamente la Roma imperial y sus símbolos. El film *Anni dificili* (1948), una sátira del período fascista, nos muestra a unos funcionarios del partido alarmados en una representación de *Norma* al oír gritos contra la capital del imperio fascista[15].

---

[15] Una versión desestimada de la cabaletta de "Casta diva" nos presenta a Norma sintiéndose culpable de tener "que defender a un pueblo pérfido que nos da cadenas en vez de paz". La viuda de Romani sostenía que este texto había sido prohibido por la censura. Puede ser: "cadenas", al igual que "libertad", era una palabra detonante para los censores —pero también puede ser que Bellini rechazara esas palabras por razones métricas/musicales. El libreto aprobado por el censor todavía contiene numerosos comentarios sobre la lucha y la revuelta de los galos. El complejo problema de las varias versiones puede verse en Roccatagliati, "Felice Romani", pág. 84.

La relación de Bellini con Italia pronto se convertiría en un problema en otro sentido. Lo que significaba para él lo veremos en el capítulo "París y la muerte". Mientras tanto, había creado en *Norma* una de las pocas obras que podemos colocar confiadamente en una categoría de la que se hablaba mucho cuando él estaba creciendo: la de lo sublime.

Pasos en falso

EL compositor era consciente de que con *Norma* había creado algo especial. Ocho días depués del estreno, el diario de Milán, aunque todavía lo atacaba, tenía que admitir el éxito que la ópera había obtenido con el público; un poema en dialecto milanés, publicado poco después, mencionaba al compositor en segunda posición inmediatamente después de Rossini. Aunque fue una ópera controvertida al principio —Bellini dijo "perseguida"—, estaba claro que resultaría bien.

Bellini, sin embargo, estaba descubriendo en su lucha contra las representaciones pirateadas de *La sonnambula* lo difícil que era traducir un éxito en un flujo continuo de dinero. Su plan, anunciado en julio de 1830, de retirarse cuatro años después, había sido muy optimista. Como trabajador lento, con altas ambiciones, tenía que elevar su juego para que superara la rutina del compositor italiano de ópera. Bellini ya lo había hecho dos veces, primero con *Il pirata* y luego con *La straniera;* luego, después del desastre de *Zaira*, dos veces más con *La sonnambula* y con *Norma;* cada vez había encontrado un nuevo estilo que encantaba al público italiano. El paso siguiente, obviamente, era trabajar en una capital rica —Londres o París; esto también significaría seguir avanzando como artista. Bellini lo aceptó, pero no hasta mayo de 1833. Mientras tanto, el retraso lo complicó en varios pasos en falso, aunque no todos eran culpa suya.

París había sido especialmente un imán para los compositores italianos desde mediados del siglo XVIII. En tiempos de Bellini, el ejemplo más reluciente era el de Rossini, que había hecho una nueva carrera contribuyendo a inventar la *grand'opéra* francesa; también había ganado una inmensa cantidad de dinero en Londres. Bellini era muy consciente de las posibilidades. En una fecha tan temprana como noviembre de 1828, después del éxito de *Il pirata*, había estado cerca de llegar a un acuerdo con el director del King's Theatre —que entonces era el teatro de ópera de Londres— para representar esa ópera y escribir otra nueva; pero también estaba enterado de lo caro que resultaba Londres para los visitantes (era el equivalente de Tokio hoy en día) y rompió las negociaciones cuando el pago que se le ofrecía se mantuvo 3.000 francos por debajo de lo que él quería. "Ir allí por poco menos que nada no habría sido bueno para mi autoestima", le explicó a Florimo; cuando llegó el momento pensó que de todos modos le iría tal vez mejor en París (22 de noviembre de 1828).

Si no intentó ir a París o a Londres a principios de 1832, podemos imaginar que fue porque Giuditta Turina no podría ir con él. Gracias a la hoguera que Florimo hizo con sus cartas no sabemos nada de sus relaciones en los dos años anteriores. Que seguían siendo buenas se deduce de lo que vino después. Bellini volvió a Sicilia por primera vez desde 1824 o 1825; también por primera vez, la Turina viajó con él —no a Sicilia (era impensable que pudiera presentar a su amante ante su familia), sino a Nápoles, donde pasó seis semanas en el camino de ida, y unos pocos días en el viaje de regreso.

Esto era llevar un poco más lejos la política de discreta "amistad" y de la vista gorda que hacían en esto las familias Turina y Cantù. La Turina viajaba con su hermano y encontraron habitaciones separadas; como todos partieron a principios de enero, podía decirse que ella estaba pasando el invierno en un clima más suave. Pero ese invierno meridional resultó a menudo violento y húmedo y desorganizó los planes de Bellini: los buques de vapor, entonces en su infancia, no podían unir Nápoles con Sicilia en las fechas esperadas; las malas carreteras dentro de Sicilia se volvían peligrosas cuando se convertían en torrentes —sin puentes— que bajaban con fuerza.

A su llegada a Nápoles, la Turina pudo conocer por fin a Francesco Florimo. Se hicieron amigos; la amistad sobreviviría a la ruptura de la relación con Bellini y, también, por muchos años, su muerte. Pronto se puso enferma con "dolores", probablemente sus calambres habituales, que duraron tres semanas. Según lo que Bellini escribió después de la ruptura, ella le dio "angustia" en un momento dado por haber coqueteado con un viejo, pero es difícil saber qué hay de esto y de otras acusaciones retrospectivas; el "coqueteo" puede haber sido muy poca cosa. Ella se quedó en Nápoles durante los dos meses que Bellini y Florimo se marcharon a Sicilia (del 25 de febrero al 25 de abril). Los amantes (y el hermano) emprendieron después un apacible viaje de regreso remontando la península, deteniéndose en Roma y en Florencia y llegando a Milán hacia principios de junio.

En Nápoles, y aún más en Sicilia, el regreso de Bellini fue saludado como el de un héroe. Sus últimas y mejores obras todavía no habían llegado hasta allí, pero las representaciones de *I Capuleti* en Nápoles y en Palermo y las de *Il pirata* en Messina despertaron el entusiasmo; Catania compensó el no haber podido poner en marcha más que extractos de una ópera en concierto, añadiendo representaciones de lo que parecía una terrible tragedia y poemas aún peores y loas realizadas por quince autores locales. Bellini asistió a todas esas funciones, saludó desde el escenario, fue coronado con coronas de hojas o de rosas, e hizo generosas declaraciones de gratitud. En Nápoles conoció a la reina madre y fue nombrado académico real; en Catania la municipalidad montó una entrada triunfal y un concierto oficial; Palermo le ofreció un banquete y un concierto interpretado por aficionados de buenas familias, durante el cual el Genio de Sicilia dedicó un busto al compositor mientras resonaban melodías de *Il pirata*, de *La straniera* y de *I Capuleti*. Era toda una consagración.

En momentos más privados, Bellini volvió a ver su antigua habitación en el Conservatorio de Nápoles, y a su viejo profesor Zingarelli, a quien le dedicó la partitura de *Norma*. Los estudiantes le hicieron un gran recibimiento; entre las líneas del relato convencional de Florimo (según el cual Bellini dijo no haber tenido más que suerte), podemos imaginar la celebración meridional, con la calidez auténtica de los estudiantes, cuya ambición se veía estimulada al ver al licenciado local que había alcanzado el éxito, y al gran hombre, todavía joven, repartiendo benevolencia. En Catania, el encuentro con su familia tuvo lugar en la mitad justa del mes que estuvo de visita, pero casi no ha dejado más huella que su carta de agradecimiento en la que da sus recuerdos a sus muchos primos y tías. Podemos imaginar el entusiasmo, la alegría, los festines.

En Palermo, Bellini trabó amistad con un grupo de personas de su edad, centrados en el abogado Filippo Santocanale, a quien desde entonces escribiría con franqueza acerca de su vida profesional, aunque no sobre la privada. A esos hombres jóvenes los describió como "la vieja guardia" o "los tintoreros", un término coloquial de Palermo que, según el biógrafo Francesco Pastura, significaba relaciones con mujeres fáciles. Las cartas de Bellini nos muestran que algunos de esos "tintoreros" no eran más que moscones de puerta de escenario, pero si esta fue también su conducta durante su estancia en Palermo (de algo menos de tres semanas) no podemos conjeturarlo. Una historia agradable que suena a cierta es la que le muestra visitando de incógnito con algunos de estos amigos una iglesia, cuyo organista era un "bellinómano", y exigiendo que le dejaran tocar su propia música; cuando el organista hubo soltado su indignación y había acabado por marcharse del órgano, Bellini se sentó en su sitio y tocó "Casta diva"; ¡estupefacción!, ¡revelación!, ¡entusiasmo absoluto!

Este doble regreso a casa en Nápoles y en Sicilia tienen que haber representado mucho para Bellini. No quiere decir esto que perdiera la cabeza y descuidara sus negocios. En Nápoles discutió una propuesta de escribir una ópera para el San Carlo, pero la rechazó porque no podía estar seguro de tener los cantantes adecuados: esto para él era un punto fijo. Él estaba libre para ser contratado cuando lo deseara: en mayo lo hizo para la temporada de Carnaval-primavera en La Fenice de Venecia, donde el mismo empresario que había montado allí su *Capuleti* —Alessandro Lanari— estaría al frente del teatro y la *prima donna* sería Giuditta Pasta[16].

Esto fue un paso en falso por varias razones, la mayor parte de las cuales eran imprevisibles. La Fenice era un teatro con un gran prestigio, propiedad de una asociación de gente de clase alta y gobernado por un comité muy exigente, pero los ingresos eran relativamente bajos y era muy inseguro que el empresario lograra equilibrar el presupuesto. Ocurrió que Lanari tenía problemas con las dos cantantes que se había comprometido a contratar. Giulia Grisi, que había sido la primera Adalgisa en *Norma*, tenía un contrato a largo plazo con él, pero ella lo rompió y huyó a París, donde inició una nueva y espléndida carrera; el comité de La Fenice le arrancó a Lanari una compensación por haber perdido sus servicios. El precio de Giuditta Pasta de 1.000 francos por representación significaba un aumento de los costes; los propietarios del teatro dieron su acuerdo de mala gana para que Lanari los compensara

---

[16] Pastura, en BSLS, págs. 285, 345 (seguido por Weinstock, *Bellini*, pág. 494, y por Adamo, Bellini, pág. 186), confundió las circunstancias de este contrato. En los primeros meses de 1830, Bellini firmó con Giuseppe Crivelli (entonces empresario de La Scala y La Fenice asociado a Alessandro Lanari) un contrato por dos óperas para el otoño de 1831 y el Carnaval de 1832. Este contrato fue recomprado por la dirección que le encargó *La sonnambula* en el Teatro Carcano de Milán, para el Carnaval de 1831. Entonces Bellini hizo un nuevo contrato con la dirección de Crivelli-Lanari (con su nuevo asociado Bartolomeo Merelli) para *Norma*, que Merelli solo puso en escena diez días después de la muerte de Crivelli, el 16 de diciembre de 1831: *E*, páginas 299–300. Merelli a Lanari, 17 de diciembre de 1831, Biblioteca Nazionale, Florencia, Carteggi Vari, 396/398. Pastura imaginó que Bellini aún estaba atado en 1832 por el contrato de 1830, y que, después de *Norma*, tenía que hacer una ópera más por contrato (quizás el error vino por una referencia de Bellini en una carta a Ricordi del 16 de septiembre de 1832, *E*, pág. 322, sobre una relación contractual con los herederos de Crivelli; pero probablemente se refería a unos derechos secundarios sobre *Norma*). Si hubiese estado atado de este modo, Bellini no habría podido ganar más de 10.000 francos con *Norma* —en lugar de los 8.700 previstos por el contrato— ni negociar como hizo con Lanari para obtener un precio similar para Venecia en el Carnaval de 1833.

subiendo los precios de las entradas, pero la Pasta temió que en la muy sensible Venecia los aficionados a la ópera la culpasen a ella: así, pues, insistió en una cláusula que prohibía cualquier incremento de precio. De este modo, todo el mundo tenía una base para estar descontento o temeroso. Incluso sin incremento de precio, una parte del público, que en una ciudad italiana tan atenta a los rumores como esta sabía lo que había ocurrido, se puso en contra de esa Pasta tan cara que a veces desafinaba; serían los primeros en explotar cualquier indicio de que hubiera problemas[17].

Bellini cometió un error que podía haber evitado cuando, por la tercera vez en poco tiempo, basó sus posibilidades de éxito en una colaboración con la Pasta. El viejo dicho de "a la tercera va la vencida" tiene algún fundamento: después de dos éxitos, la tercera vez puede colarse algo de descuido en una labor. De todos modos, su error es excusable: la Pasta acababa de triunfar como Norma; antes tenía que inaugurar la temporada de Carnaval en Venecia en ese papel antes de estrenar la nueva ópera; era amiga suya y podía acabar siendo su suegra. Ella había reforzado su éxito cuando, en la feria de Bérgamo —poco después del retorno de Bellini de Nápoles—, ella y *Norma* triunfaron de modo más convincente que nunca: la obra entera se había cohesionado y su interpretación hizo llorar a Bellini[18]. Todo esto contribuye a explicar por qué dejó que ella lo convenciera en una elección tardía y malaconsejada del tema de su nueva ópera.

Otro riesgo todavía —y Bellini probablemente no era consciente de ello— era que en el otoño e invierno de 1832–1833 Romani había aceptado más trabajo que en ningún otro momento de su carrera: cinco libretos para óperas que había que representar en tres ciudades, con otros más que estaban aguardando turno con urgencia. En abierto contraste

---

[17] Los problemas de Lanari en los meses precedentes a la temporada de Carnaval de 1833 están documentados en la Fondazione Levi, Venecia, Archivio del Teatro La Fenice, Processi verbali convocazioni, b.5, Spettacoli, b.3. Él tuvo que compensar a los propietarios dando cincuenta y seis funciones en vez de cincuenta, y cuatro óperas en vez de tres, sin cambiar el subsidio. La única compensación que consiguió de la Pasta fue que accediera a cantar solo treinta y cinco funciones caras en vez de las cuarenta que se habían acordado. Lanari se asqueó ante la conducta nada cooperativa de los propietarios del teatro y esto lo llevó a abandonar la dirección después de terminada la temporada.

[18] En una carta sospechosa del 24 de agosto de 1832, publicada (y probablemente "maquillada") por Florimo, *B*, págs. 400–402, Bellini expresa su sorpresa de que *Norma* hubiese tenido tal éxito en Bérgamo, la ciudad natal de Donizetti y residencia de su profesor Mayr. *La straniera* había sido un éxito allí en 1830, de modo que no tenía motivos para temer. En una carta auténtica al conde Barbò, 23 de agosto 1832, *E*, págs. 318–319, Bellini expresa directamente una gran alegría.

con su puntualidad con *Norma* en el año anterior, Romani dejó pasar el mes de julio y el principio de agosto sin ponerse de acuerdo en el tema; entonces Bellini estuvo en Bérgamo y, brevemente, en casa de los Turina en Casalbuttano hasta cerca del 20 de septiembre. Solo en una fecha indeterminada entre el 24 de septiembre y el 6 de octubre se decidió Romani —probablemente con el acuerdo de Bellini— por la vida de la reina Cristina de Suecia, un tema entresacado de una deslavazada trilogía de Alejandro Dumas *padre*. El 3 de noviembre, sin embargo, Bellini había persuadido a Romani —"con dificultad"— de pasar a un nuevo tema, Beatrice di Tenda.

¿Qué había ocurrido? Se han conservado las primeras cuatro escenas de *Cristina di Svezia* en el borrador de Romani, que era todo cuanto había logrado escribir en el mes transcurrido. No son muy prometedoras: parecen el principio de una obra genérica y convencional. Si Bellini las vio, como es muy probable, debió de sentir aprensión. Pero también estaba bajo la influencia de la Pasta.

Ella había visto un ballet narrativo acerca de Beatrice di Tenda y le había hablado del tema con entusiasmo: se veía a sí misma viviendo el prolongado dolor de la heroína, quien al final sube al patíbulo con toda la dignidad de María Estuardo, reina de Escocia, en la obra de Schiller. No era la primera vez, ni sería la última, que una primera cantante se buscaba un papel con mucho cuerpo sin preocuparse de la viabilidad de la obra en conjunto. Bellini aceptó y, al principio, estuvo plenamente persuadido. Romani temía que se pareciera demasiado a *Anna Bolena*, y se enfadó además por el tiempo malgastado en *Cristina* (lo reciclaría —22 años más tarde—). No fue una buena decisión.

Una serie de fechas hacen de mojones del camino hacia el fracaso. La nueva ópera de Bellini estaba programada para ser la última de la temporada veneciana. Esto normalmente significaba que se estrenaría hacia febrero o, como muy tarde, a primerísimos de marzo; la fecha fijada fue finalmente el 20 de febrero. Una vez decidido el tema el 3 de noviembre, el tiempo habitual de cuarenta días para acabar el libreto le habría dejado a Bellini aún siete semanas para componer la música, tantas como había tenido para *La sonnambula;* incluso habría tenido un poco más si, como era la práctica normal, Romani le hubiese entregado algunas palabras al cabo de una semana o dos.

El 8 de diciembre, Bellini y la Pasta llegaron a Venecia para empezar los ensayos de *Norma*. Si Romani había entregado ya algunas palabras de *Beatrice* no queda claro; quizás no, porque Bellini escribió: "Tengo buena salud y si mi poeta me diese material para trabajar, mi mente también estaría tranquila" (10 de diciembre). Al llegar el 12 de enero su salud estaba empezando a padecer también: la causa era el exceso de trabajo y la culpa era de Romani —"¡el dios de la vagancia!"—, quien hasta este momento solo le había dado dos números del primer acto.

Mientras tanto, sin embargo, el empresario Lanari había recabado (el 14 de diciembre) la ayuda de la policía. Al volver a Milán, hizo que Romani se presentara ante él; aunque él protestó (23 de diciembre) culpando a la tardía elección del tema y a sus otros compromisos, no pudo encontrar una excusa convincente como había hecho con *La straniera*: la policía lo obligó a ir a Venecia, adonde llegó hacia el 23 de enero, es de suponer que de muy mal humor. El 27 de enero Bellini confiaba en "empezar mañana a trabajar el *finale* del primer acto, si Romani me lo da". Debía de ser dudoso por entonces si *Beatrice* podría estrenarse el 20 de febrero, aunque un "amigo" luego sostuvo que Bellini podía haber llegado a tiempo.

Las relaciones entre el compositor y el libretista se habían agriado: en una nota a Romani de por estas fechas, Bellini usó el tratamiento de "voi"; hasta entonces había usado el "tu" de intimidad. Le escribió que había estado trabajando "como un perro" y habiendo buscado a Romani en su alojamiento no lo había encontrado; por ello pidió sarcásticamente que le avisara "si es que hay asuntos más importantes que el libreto que le hagan salir de casa". Sin embargo, el 14 de febrero, Bellini todavía tuvo que salir e ir a fastidiar a Romani para pedirle más palabras. Romani, por su parte, se había enfurecido por la citación policial; a la vez que con Bellini, tenía que tratar también con Donizetti, quien, desde Florencia, estaba pidiendo a gritos el libreto de su nueva ópera —que aún llegó más tarde que *Beatrice*. No tenemos documentación acerca de las últimas etapas de la composición, pero sin duda se hicieron a toda prisa. Cuando la ópera se estrenó —tarde—, un dueto importante para las dos mujeres había quedado sin acabar: fue eliminado. Para el último y crucial número de la protagonista, Bellini recurrió a desenterrar una pieza de *Bianca e Fernando* que no era adecuada del todo[19].

Otra preocupación fue la compañía de canto de La Fenice. Bellini escribió que era "horrible"; solo la Pasta, "un áncora de salvación en cualquier naufragio", había conseguido salvar *Norma* durante la función

---

[19] Una carta un tanto sospechosa dirigida a Filippo Santocanale, fechada el 17 de febrero de 1833, y publicada por Florimo, *B*, págs. 405–406, cuyo autógrafo no se ha visto nunca, nos presenta a Bellini desconfiando de terminar la ópera a tiempo y previendo un fracaso. El resto de la carta parece realmente auténtico, pero esta previsión de futuro puede haber sido debida al modo típico de Florimo de dramatizar las cosas. Las restantes cartas de Bellini nos dan la impresión de que él no se inclinaba a predecir ni a reconocer un fracaso total.

inaugural de la temporada (12, 27 de enero de 1833). El tenor era famoso pero viejo, la mezzo mediocre, y el bajo inservible, hasta tal punto que tuvo que ser sustituido; el nuevo bajo era bueno, pero solo pudo llegar —a petición de Bellini— ya avanzada la temporada. Cuando llegó, hubo que adaptar tres números que no le iban bien a su voz. Lo peor de todo fue que el estreno de *Beatrice*, que ya se había aplazado al 6 de marzo, tuvo que ser aplazado de nuevo, al 16 de marzo. Bellini siempre había insistido en tener una buena compañía de cantantes antes de aceptar escribir una ópera. ¿Por qué no lo hizo esta vez? Lo había apostado todo a la Pasta, y posiblemente prefirió no tomar en cuenta los cantantes mediocres que el empresario había contratado para compensar su carísima estrella.

El precio de depender de la Pasta pronto quedó claro. El retraso repetido irritó a los venecianos que ya estaban en contra suya. Dos días antes del estreno, el editor del periódico local —que hasta entonces había tratado con cada nueva ópera equilibradamente— publicó una queja de un suscriptor falso: ¿era justo darle al público la nueva ópera en la última semana de la temporada? Se burlaba de que Bellini se tomara un año entero para escribir una ópera y añadía, para rematar el asunto, que esta realmente estaba destinada a Londres —Venecia era meramente una pista de lanzamiento. Eso ya habría bastado para molestar a los venecianos —que, según Bellini, eran los más chismosos y cerriles del mundo", sino fuera que probablemente esto reflejaba el mal humor que había en el ambiente (julio de 1834). Romani, por su parte, colocó un prefacio con una de sus altas apologías, en la que calificaba a la ópera de "fragmento"; "unas circunstancias inevitables" le "habían cambiado la estructura, colores y características"; requería "toda la indulgencia". Era casi una invitación a silbarla.

Y la silbaron —parte del público, en todo caso— ya antes de levantar el telón. También gritaron *"Norma"* cada vez que pensaban que un pasaje recordaba el de la ópera precedente; en una época en que los compositores escribían una ópera nueva tras otra e inevitablemente usaban un lenguaje común, a los espectadores hostiles les gustaba detectar "reminiscencias".

"Me pensaba que estaba en una feria", escribió Bellini nueve días más tarde, "tanto es así que la altivez siciliana se apoderó por completo de mí"; cuando hubo aplausos, como los hubo después de algunos números, él se negó a salir a saludar. Las restantes cinco funciones atrajeron mucho público, un tanto mejor dispuesto. Pero aun así, *Beatrice* fue un fracaso.

Bellini no se desesperó. Estas cosas ocurrían a veces. *Zaira*, recordaba, había renacido en *Capuleti*, *Norma* había triunfado por encima de sus dificultades iniciales; *Beatrice*, "a la que yo no considero indigna de sus hermanas", podía todavía tener éxito en algún otro lugar (25 de marzo de 1833). Más tarde ese mismo año, se propuso "renovar" las *cabalettas* de las dos últimas arias, incluyendo la decisiva que había tenido que arrancar de *Bianca;* sus palabras podían significar adaptarlas, pero lo más probable es que pensara en sustituirlas[20]. Dadas las condiciones en que se desarrollaba la ópera italiana, tendría que estar a mano o al menos conocer a los cantantes; no surgió la oportunidad de hacerlo. *Beatrice* no fue, pues, revisada, y al final fue aceptada y tuvo una carrera italiana bastante buena hasta los años 1870. Sus reexhumaciones en nuestro siglo han sido solo intentos.

La razón está más que clara; pronto lo resultó también para Bellini. El tema, escribió, es "horrible" (11 de abril de 1834). Tal como reconocería Romani, era "demasiado triste y sorprendentemente monótono". La boda de Beatrice con el tirano al que ella ha ayudado a conseguir el poder está arruinada desde el principio; él está determinado a librarse de ella, y la manda al patíbulo después de haber recibido un pretexto para someter a tortura a ella y a su supuesto amante —dos veces. Beatriz es consistentemente noble, y su marido, que se parece a Enrique VIII, es también sistemáticamente brutal salvo durante un lapso (y sus arias de barítono son melifluas, a pesar de que Bellini dijo de su carácter que le "asqueaba"). El cambio dramático procede solo de la mezzo y del tenor, ambos de carácter secundario. Todo se refleja en la música. Hay muchas cosas en la partitura que son hermosas y bien trabajadas, pero no acaba de cuajar: *Beatrice* resulta menos efectiva que el desigual, y a veces juvenil, *Pirata*.

¿Por qué a la Pasta y a Bellini les gustaba tanto como tema? Ella, en particular, debió de haber desarrollado un culto de un *pathos* constante que pertenecía más al siglo XVIII que al Romanticismo pleno. Era entonces lo que más se vendía en materia de drama sentimental y de novelas góticas con sus heroínas constantemente perseguidas; es lo que todavía respiraba *The Cenci* de Shelley, escrita unos pocos años antes que la obra teatral italiana de 1825, que fue la fuente a la vez del ballet sobre *Beatrice* y la ópera; era esto lo que había configurado algunos de los papeles de

---

[20] Bellini a Ricordi, 12 de noviembre 1833, catálogo de Sotheby de venta de manuscritos del continente europeo y de música, 26 de mayo 1994. Se quejaba de que no había sido informado en Londres de la producción de Milán, que podía haberle dado una oportunidad. Una carta similar del 21 de marzo al compositor Giuseppe Bornaccini, pero en la que se incluyen las palabras "solenne fiasco", puede haber sido "maquillada" por Florimo, que fue quien la publicó en *B*, págs. 344–345.

mayor éxito de la Pasta —la Nina de Paisiello y la Desdemona de Rossini. La era romántica —y Bellini normalmente estaba enterado de ello— buscaba una mayor variedad y sorpresa.

Que su música no nos transmite el horror de la tortura como Puccini lo haría en *Tosca* y *Turandot* tal vez debemos anotarlo en el haber de Bellini. El coro en el que las mujeres preguntan ansiosamente por tres veces y los hombres describen otras tantas las etapas de la tortura de Orombello, todo en esquemas melódicos invariables, tiene como finalidad transmitir la inexorabilidad; cada vez, sin embargo, la estrofa con la que responden los hombres es una melodía "de reglamento" que salta y se balancea, no mala en sí misma, pero incongruente. En otros lugares, el coro tiene mucho que hacer. Es más efectivo cuando enmarca los papeles principales —como lo hace a menudo, a veces de forma innovadora— que en sus propios números. Algunos de esos nos anticipan los coros verdianos de *Il trovatore*, pero suenan a la vez forzados y débiles.

No hay ningún otro lugar, de hecho, en el que Bellini aparezca más completamente en su condición de compositor "elegíaco" de mitos. El pathos gobierna, y si es solo en parte es porque el tema ofrece pocas salidas para nada más. Los mejores números son todos lentos y melancólicos. Las melodías que llevan a la voz a las alturas, en forma de grandes arcos, distinguen a la música de la protagonista, en particular el arioso "Deh!, se mi amasti un giorno" (con un interesante acompañamiento de instrumentos graves de viento) y las secciones *cantabile* tanto de su aria de entrada como de despedida. Como ha demostrado Lippmann, Bellini alarga el arco melódico para extraerle la máxima expresividad, pero a la vez lo aligera con coloratura para evitar excederse en intensidad; esto da una sensación de que Beatrice se eleva por encima de su horrible destino.

Las cosas mejores de esta obra son todas pasajes concertantes dominados por Beatrice, aunque el tenor (desde su celda fuera de escena) pone en marcha el trío antes de la ejecución, el simplemente hermoso "Angiol di pace", adaptado de *Zaira*. De los dos quintetos, el primero ("Ah!, tal onta io meritai") es la sección lenta del *finale* del primer acto; el segundo ("Al tuo fallo amenda festi") lleva la escena del juicio a su clímax en el momento en que Orombello se retracta de su confesión y exonera a Beatrice. Ambos nos recuerdan, de hecho, *Norma* —el primero por saturar al oyente en sonido, mientras la voz de Beatrice flota por encima de las olas, la segunda por la grandeza de su contorno.

A pesar de sus esplendores musicales, a *Beatrice* le falta propulsión. Una y otra vez cae en lo rutinario, incluyendo uno o dos *crescendi* mecánicos —lo que sin duda es el resultado de la prisa angustiosa en medio de la que Bellini tuvo que trabajar. En los restantes lugares lo que le duele es el fallo básico del tema, que resulta más aparente que en ningún otro lugar en el soliloquio de Filippo ("Rimorso in lei?"). En este recitativo oye a Beatrice fuera de escena cuando la devuelven de la sala de torturas a su celda; se pregunta entonces si no debería perdonarla, y luego cambia de idea al recibir noticias de una revuelta popular en su favor. Esto había sido obviamente pensado para que fuera lo contrario del soliloquio de Norma cuando se pregunta si debe matar a sus niños; una "reminiscencia" menos feliz que los dos quintetos antes mencionados: aunque la orquesta expresa bien el silencioso sufrimiento de Beatrice, la línea vocal de Filippo no resulta convincente. La lucha interior de Norma fluía de todo su ser, tanto musical como dramático. Filippo es un malvado de teatro para cuyas crisis de conciencia no se nos ha preparado; sus autopreguntas nos suenan a fanfarronada.

Es una verdadera lástima. Los pasajes de más éxito y más cercanos a *Norma* podrían todavía funcionar a un alto nivel a la vez que se apartan aún más del esquema convencional del aria solista. Pero siendo como son de un compositor ambicioso, nos sugieren un momento en el que el autor pisaba agua. De un modo u otro, Bellini dependía demasiado de las conocidas fuerzas de la Pasta y de su juicio —y sus motivos pueden haber sido personales (la esperanza de casarse con Clelia), además de profesionales.

La temporada de Venecia trajo consigo más pasos en falso. El primero fue la ruptura con Romani. El 6 de enero, mientras estaba todavía esperando que el libretista llegara a Venecia (aunque protestando) y le entregara algunas palabras más, Bellini escribió: "Pienso que este será el último libreto que escribirá para mí; no me fastidiará ya más..."[21]. Esto puede haber sido un estado de ánimo pasajero, pero cuando Romani llegó al fin, la tensión se mantuvo alta. Bellini estaba irritado al ver que la opinión ciudadana le culpaba a él del retraso, y más aún cuando el periódico de Venecia confirmó que existía este prejuicio; el prefacio de Romani al libreto, en el que llamaba a la ópera "un fragmento", empeoró aún más las cosas. Después de sus experiencias de la noche del estreno, Bellini consiguió que un "amigo" escribiera al periódico señalando que el retraso había sido causado por el libretista (y prolongado por el cambio de bajo). Esto habría sido ya duro si el "amigo" hubiese adoptado un tono neutral, pero ocurrió que además dio un detalle equivocado y además añadió otro verdadero e inoportuno. Romani, decía en su carta,

---

[21] Bellini escribió "accatterà", literalmente, "no me pedirá más limosna" (o no me "embaucará"): a Ricordi, 6 de enero de 1833, catálogo de Sotheby's, venta de libros impresos, manuscritos y música de países del continente europeo, 2 de diciembre de 1993.

no había escrito todavía ni una palabra, a fines de octubre, de la *Cristina* inicialmente prevista, cuando Bellini solicitó el cambio de tema por el de *Beatrice;* se había limitado a proponerlo como tema. Y de paso hizo saber que la policía había obligado a Romani a viajar a Venecia.

Después de ocho colaboraciones, Bellini debía haber sabido que Romani no era un hombre como para tomarse esto a la ligera; quizás es que ya no le importaba. En todo caso, lo que seguro que no esperaba es el veneno de la respuesta del libretista. Tomó la forma de dos cartas a los periódicos, uno de Venecia y otro de Milán. El veneno peor estaba en la de Milán; apareció un día antes que la otra, que había tenido que viajar de Milán a Venecia, o sea, que ambas fueron escritas probablemente al mismo tiempo; no hay cuestión de que Romani cediese (como ha sugerido un biógrafo suyo) a un impulso que le habría sobrevenido cuando la controversia estaba realizándose. Su intención era injuriar a Bellini en la ciudad en que vivía y en la que era más conocido.

En ambas cartas afirmaba que Bellini se había reservado el derecho de escoger el tema de la nueva ópera, pero que había descuidado hacerlo todo el tiempo entre julio y noviembre; el retraso, por lo tanto, era culpa suya, y Romani solo había aceptado descartar el proyecto de *Cristina* y escribir *Beatrice* solo como acto de autosacrificio y solo por "afecto hacia Bellini". Todo esto no era verdad. Donde Romani sí acertaba era en sugerir indirectamente de una manera complicada que tanto el retraso como el cambio por *Beatrice* procedían de la influencia que ejercía en el compositor su "Minerva" —una alusión obvia a la Pasta, cáustica pero tampoco más grave que eso.

Hasta aquí, podía pensarse que la carta era una respuesta, más agria, con una afirmación equivocada para desmentir otra igual, y todo podía haber quedado en nada. Sin embargo, en la versión de Milán, Romani añadió que el retraso se produjo porque Bellini había desaparecido: "se estaba divirtiendo, como nuevo Rinaldo, en la isla de Armida". La encantadora Armida, como "todo el mundo" de la buena sociedad milanesa tenía que saber, significaba la Turina. Esto era escandaloso, y más aún porque (como veremos, y Romani probablemente sabía) la relación con la Turina estaba acercándose a una crisis.

La ruptura fue completa. Cuando el veneno de la carta de "Armida" se disparó a primeros de abril, Bellini estaba de regreso en Milán. Hubo más intercambios venenosos en los periódicos, pero parece que él no tuvo parte en ellos. Hacia el 10 o el 12 de abril, él, la Pasta y su marido se marcharon hacia Londres para tomar parte en la temporada de ópera que duraba de abril a julio.

El negocio de la ópera italiana era una escuela de golpes duros. Bajo sus presiones, muchos llamaban a otro sinvergüenza y cosas peores, y luego acababan —después de intercambiar argumentos autojustificativos— trabajando juntos otra vez. Antes de que hubiera pasado un año, Bellini ya estaba preparado para tomar en consideración trabajar con Romani si aparecía un contrato posible para Nápoles y si ambos podían estar allí al mismo tiempo: "Me gustaría", le dijo a Florimo, "devolver bien por mal a ese hombre empecinado pero de gran talento" (11 de marzo de 1834). Entonces, justo un mes más tarde, un agente teatral italiano propuso una reconciliación y consiguió que Romani, en una carta a una tercera persona, dijera que él siempre había querido a Bellini y que el problema de Venecia había sido en parte obra de los "mal orientados amigos" del compositor. Bellini, por aquel tiempo, había descubierto los inconvenientes de trabajar con un libretista inexperto. Por esto no dejó pasar la oportunidad de conseguir que Romani volviera para su próxima ópera en Italia.

Su carta a Romani no pedía excusas. La ofensa, escribió, no era suya: él había tenido que defenderse ante el público veneciano; en todo caso, todo el mundo sabía que Romani aceptaba demasiado trabajo y habitualmente llegaba tarde. Rechazó la acusación de que había estado sin hacer nada el verano de 1832 —todo lo contrario, era él quien había estado continuamente a las puertas de Romani: "¿No te reprocha tu conciencia todas las mentiras que has soltado?... ¿Y qué insultos innecesarios tuviste que añadir a lo que tú llamabas tu defensa?" A la declaración de Romani de continuar queriéndolo Bellini respondía que no podía ser cierto, pero contraatacaba con la afirmación de su propia estima; esto era un elemento ritual en las peleas de teatro, y no debe ser tomado al pie de la letra. Terminaba diciendo: "Corramos un velo sobre tantas desgracias y, si es posible, reparémoslas con nuestro mutuo arrepentimiento..." Él insistía en que Romani debería poner un anuncio a este efecto en los principales periódicos italianos: los dos podrían entonces sin avergonzarse "retomar nuestra unión que nació con mi carrera y que confío en que cesará solo con mi vida" (julio de 1834)[22].

---

[22] Bellini a Romani, borrador, *E*, págs. 412–413. Este es el texto originalmente publicado con otros borradores fragmentarios, por A. Amore en 1892. Un texto más largo fue publicado por R. Barbiera, *Grandi e piccole memorie*, Florencia, 1910, pág. 484, con la fecha 29 de mayo de 1834: BSLS, págs. 375–377, donde se supone que esa es la "versión definitiva". Está obviamente sacada del borrador, pero con esos adornos y con el añadido de elogios falsos a Romani que —como sabemos ahora— caracterizan las versiones de Florimo de las cartas de Bellini a su libretista. Puede haber sido inventada incluso por Florimo, quien le proporcionó al menos a otro escritor una de esas "cartas a Romani". El propio Barbiera no era precisamente el más fiable de los editores. Es más seguro quedarse con el borrador, aunque falta un autógrafo verificable del mismo.

Romani se tomó su tiempo; su respuesta satisfactoria llegó cuatro meses más tarde. Por entonces había arreglado sus problemas aceptando el cargo de editor del periódico del gobierno de Turín: cobraba el salario de un alto funcionario, más del doble de lo que había ganado escribiendo libretos, con derecho a pensión. Ya no estaría bajo presión, y estaba dispuesto a escribir un libreto de vez en cuando.

Bellini escribió lleno de confianza. Romani debería escribir "solo para mí" y debería exigir el doble de su precio habitual; con tal de que escribiera lo que realmente quisiera escribir y que pensara que podía entregar a tiempo, Bellini se sentiría contento de trabajar con él en una ciudad u otra: "Yo escogeré las que más probablemente produzcan fama y dinero" (7 de octubre de 1834). Cuando tenía en mano un contrato para dos óperas en Nápoles, le pidió con urgencia a Romani "con toda la vehemencia de mi corazón" que escribiera los libretos; "Yo siempre", reconocía, "te causo problemas porque soy difícil de contentar", pero insistió en que los libretos tenían que estar listos a tiempo; él quería saber si Romani podía prometer esto "a plena conciencia" (4 de enero de 1835)[23]. Pasaron tres meses sin respuesta. El contrato de Nápoles había sido ya cancelado; la muerte de Bellini no tardaría en producirse.

Bellini había dado un gran valor al trabajo de Romani, pero había tratado con él como un profesional soberano con otro igual; después de *Beatrice* ya no estaba dispuesto a hacerle la corte a Romani incondicionalmente. Era Florimo el que se inventaba grandes cumplidos al libretista y los hacía imprimir como si fueran de Bellini. La siguiente ocasión en que Romani se decidió a escribir un libreto —para Mercadante, para la Ópera italiana de París— no llegó a enviarlo nunca; el compositor se volvió frenético; la ópera llegó a estrenarse meses más tarde, con un libreto escrito por otro autor.

Una razón más por la que Bellini estuvo tenso durante ese Carnaval y Cuaresma de Venecia fue la presencia de Giuditta Turina. Era el principio de su ruptura.

Tenemos el problema habitual: sus versiones de este episodio fueron todos escritos después de la ruptura, para autojustificarse, ya sea conscientemente o no. Sus "coqueterías" en Nápoles un año antes habían provocado los celos de Bellini —al menos, eso era lo que él le recordaba.

---

[23] Bellini a Romani, 7 de octubre de 1834, extractos en el catálogo de la venta de Sotheby's de manuscritos del continente europeo y música, 21 de noviembre de 1990 (el texto en *E*, páginas 447–448, está seriamente alterado: véase pág. 9); 4 de enero de 1835, en F. Walker (ed.), "Lettere disperse e inedite di Vincenzo Bellini", *Rivista del Comune di Catania*, octubre–diciembre de 1966, pág. 13.

Cómo continuaron el resto del año 1832 es algo que no sabemos; que Bellini pasara solamente una parte del verano junto al lago, y el resto solo en Milán, no demuestra nada. En agosto los dos se encontraron aparentemente en Bérgamo durante las funciones de *Norma*, pero la Turina iba con su esposo.

Los problemas, según la versión de ella, empezaron en el invierno de 1832–1833; Bellini en Venecia oyó decir a algún chismoso que allí en Milán un hombre la cortejaba y que se había quedado con ella hasta las dos de la madrugada; el insistió en que ella se reuniera con él en Venecia. Ferdinando Turina, entre tanto, había recibido una carta anónima que denunciaba la relación, aunque es de creer que decidió no hacer caso, pero estuvo en contra de que ella fuera a Venecia. Con dificultad logró ella el permiso de su marido y fue; después creyó que hacerlo había sido un paso en falso. En Venecia, Bellini "la trató muy mal", pero cuando ambos habían vuelto a Milán y él se marchó a Londres, estaban "en muy buenas relaciones". La tempestad estalló en mayo. Aunque ella le había rogado que no lo hiciera, Bellini le escribió algunas cartas comprometedoras, que cayeron en manos de su marido. Ferdinando la echó de casa al instante y pidió la separación legal[24].

El relato de la Turina, hasta aquí, parece plausible, aunque mirando hacia atrás, tal vez ella tenía una visión de color de rosa respecto a las "muy buenas relaciones" que había tenido con Bellini en la época de su partida. Alguien, tal vez un miembro de la familia Turina, puede haber puesto las cartas comprometedoras bajo la nariz de Ferdinando; aparentemente, hasta ese momento nada había sabido de lo que hasta ese momento era evidente, incluyendo la carta de Romani sobre la "Armida", y fue preciso que alguien lo acorralara en una situación en la que no tuvo más remedio que reaccionar. Giuditta luego sugirió que si ella hubiese pensado que la relación con Bellini ya estaba concluida, incluso en ese momento podía haber logrado una reconciliación con su marido. Tal como estaban las cosas, volvió con su familia y empezó una larga y difícil batalla con los Turina por cuestiones de dinero.

Lo que sucedió a continuación no queda claro. El 26 de agosto, Bellini, que entonces estaba en París, estaba planeando un viaje a Ginebra con objeto de tener noticias de los tratos de Giuditta con su marido, sobre los cuales dijo estar todavía "a oscuras" y para saber si "mi posible acerca-

---

[24] Las cartas de la Turina a Florimo (más una de su amiga íntima la condesa Virginia Martini), entre enero de 1834 y febrero de 1836, nos dan su versión de este y otros hechos posteriores: F. Walker, "Giuditta Turina y Bellini", *Music and Letters* 70, 1959, págs. 19–34; BSLS, páginas 664–687, 693–706.

miento a G. sería una cuestión delicada o no"[25]. Esto parece indicar un encuentro en el que decidirían si vivirían juntos, o en todo caso en la misma ciudad; pero no hay prueba alguna de que Bellini fuera a Ginebra.

De acuerdo con el relato un tanto embarullado de Turina más tarde, Bellini para empezar le pidió perdón por las cartas y confió en que ella no lo dejaría; ella, por su parte, estaba dispuesta a reunirse con él o a encontrarse con él de vez en cuando, como él quisiera. En septiembre, sin embargo, él escribió que durante los últimos dieciocho meses su amor se había enfriado; su motivo, dijo ella, fueron "los celos de Venecia, y otros chismorreos que algunos le dijeron en París".

La Turina se puso enferma y no quiso contestar, pero cuando sus amigos escribieron por ella durante el invierno de 1833–1834, "él los contestó a todos denigrando mi reputación para excusar su conducta, y no aceptó ni la más mínima responsabilidad por mi situación". Sus comentarios sobre celos, decidió ella, no eran más que un mero pretexto. "Él dice que [tiene que poner] su carrera *avant tout;* ¿es este el modo de hablarle a una mujer que lo ha sacrificado todo por él?" (17 de febrero de 1834).

Nos falta la versión de Bellini de esta historia. Parece que hay pocas dudas de que se portó mal: justo cuando la Turina lo necesitaba más, se apartó de ella. La cuestión es: ¿acaso no decía la verdad o algo parecido cuando dijo que su amor se había enfriado? Una relación como la que tenía con la Turina, que no le obligaba ni a compartir la vida, ni siquiera a pasar mucho tiempo en su mutua compañía, podía continuar por mero hábito —hasta que surgía una crisis y los dos se tenían que enfrentar con una elección. Su aspecto sexual podía haberse hecho pesado; incapaz de expresar esto en palabras, Bellini puede haberse refugiado en una queja tradicional de gente meridional como la supuesta "coquetería" de la Turina. Probablemente, ella tenía razón en llamarlo un pretexto: él mismo no parece convencido. Lo que está claro es que la perspectiva de tomarla como compañera para toda la vida lo asustaba. Cuando oyó que podía ser que ella viniera a París, amenazó con marcharse de la ciudad (11 de marzo de 1834).

A pesar de lo amargada que estaba, ella continuó estando en comunicación con él —pero durante unos pocos meses a principios de 1834, cuando ella nunca recibía cartas que mencionaran el nombre de Bellini. Tenían algunos asuntos de negocios que discutir, aunque no fuera más que a través de una tercera persona, porque él había dejado dinero y muebles suyos a su cuidado. En julio de 1834, ella le escribió una carta

---

[25] Bellini a Giuditta Pasta, 26 de agosto de 1833. En Lippmann, "Belliniana", pág. 287.

"muy afectuosa" en la que decía que aún lo amaba, pero que se conformaría con su "fría amistad". Bellini se vio tentado:

> si no fuera porque tengo que continuar mi carrera ya habría decidido retomar nuestra relación otra vez [le dijo a Florimo], pero con tantos encargos en varios países, una relación semejante sería *fatal* para mí, porque me quitaría *mi tiempo* y *mi paz* a la vez; así que le mandaré una nota evasiva, si es posible sin hacerle daño (24 de julio de 1834).

"Mi carrera *avant tout*": ella no se había equivocado al ver en este el principal motivo de Bellini. Una mujer separada con la que él nunca se podría casar, propensa a enfermedades psicosomáticas, habría sido un peso incluso si él todavía la hubiese amado. Tal como estaban las cosas, él oscilaba entre acusaciones retrospectivas de "coquetería" que él pretendía que lo habían hecho "sufrir muchísimo", y el reconocimiento de que pensaba en ella "con gran dolor"; él no podía olvidarla, "pero la mera idea de atarme otra vez me asusta". En octubre de 1834 pensaba que "había salido de la hoguera" y no quería volver a caer en ella, aunque estaría contento de conservar su amistad (4 de agosto, 4 de octubre, 30 de noviembre de 1834).

La misma carta a Florimo que expresaba su "dolor" acerca de la Turina, anunciaba que estaba realmente en paz, gracias a que ahora no entretenía ninguna "pasión amorosa":

> Conozco a una mujer hermosísima aquí [en París] que me ama en extremo; por mi parte no puedo decir tanto; pero la encuentro muy hermosa y amable, y muy dócil, tanto que no me causa ningún problema en absoluto; la veo de vez en cuando, le hago el amor, y luego pienso en mi ópera (4 de agosto de 1834).

Esta no era la visión completa de Bellini acerca de las mujeres —necesitaba una familia, y en el momento en que escribía estaba buscando esposa—, pero era una buena parte de su ideal. "Ningún problema en absoluto." La Turina nunca lo había sido.

A partir del invierno de 1834–1835, Bellini ya no estuvo obsesionado por ella, aunque sentía curiosidad por una información según la cual ella había tomado un amante austriaco. Esto puede haber querido decir solo que, como muchas milanesas de clase alta (pero no en el círculo de la Pasta), ella estaba en buenas relaciones sociales con oficiales o funcionarios austriacos; en realidad estaba ocupada en sus dificultades financieras y con los cuidados que requería su madre enferma. Ella y su amante de antes se escribían ahora sobre sus asuntos de negocios a través de terceras personas, aunque ella una vez le envió unas breves líneas, sin salutación ni firma. Después de la muerte de Bellini, ella llevó luto por él: "lo olvidó todo, para pensar solo en el tierno afecto que nos unió un tiempo". Años más tarde a menudo estaba cansada, deprimida, y no se encontraba bien. Parece haber encontrado al fin un compañero —un médico que la sobrevivió. Ella murió en 1871.

París y la muerte

"SI vales mil, recibes mil; [si] cien mil, recibes cien mil." Esto escribió Bellini en elogio de las leyes de derechos de autor francesas (4 de septiembre de 1834). En Francia, un compositor de ópera podía olvidar esa batalla perdida con direcciones de teatro y editores piratas que la anarquía italiana le había obligado a soportar. Gracias a las salvaguardas legales y administrativas, algunas de las cuales se remontaban a antes de la Revolución de 1789, él podía estar seguro —con tal de que pusiera música a un libreto en francés— de cobrar los derechos de los teatros, no solo de París, sino de las muchas ciudades de provincias donde circulaban las óperas de éxito año tras año. En un país con una burguesía numerosa y musicalmente educada, también podía ganar un buen dinero de la venta de música impresa. De una ópera —esto oyó decir Bellini— el compositor Hérold había cobrado 40.000 francos, tres veces lo que él había ganado hasta ahora en Italia; y él era el compositor italiano mejor pagado. No es extraño que recalara en París en su camino hacia Londres, a fines de abril de 1833, para hablar de la posibilidad de escribir para la Opéra. Durante los dos años y medio que le quedaban de vida, esta fue la meta de Bellini. También persistió en su intento, menos intensamente vivido, de encontrar una esposa. El que no consiguiera ni una cosa ni otra, aunque en su lugar obtuvo un enorme éxito con uno ópera para el Théâtre-Italien de París, se debió al accidente de su muerte. Él persiguió con tozudez, a través de muchas vías, un contrato con uno u otro de los dos teatros de ópera de lengua francesa: en *I puritani* trató con habilidad de complacer al público francés. No hay duda de que lo habría conseguido al final, como Rossini y otros antes que él, y como Donizetti y Verdi lo harían más tarde. También es posible que se hubiera casado.

Londres y París en los años 1830 no solo eran las dos ciudades más grandes de Europa: eran las capitales de los dos países más industriali-

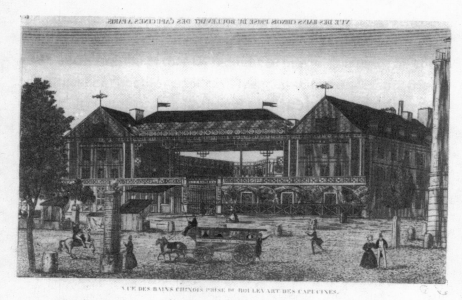

Los "Bains Chinois", donde Bellini se alojó cuando estuvo en París entre 1833 y 1835 (Photothèque des Musées de la Ville de Paris [Ç] DACS 1996).

zados y por lo tanto más ricos y más avanzados del mundo. Lo que sintió Bellini cuando les puso la vista encima no lo sabemos. Sus clichés periodísticos acerca de Londres, en "fragmentos de cartas" publicados por Florimo, son casi seguramente falsos; en sus cartas auténticas se contentó con describirla como la más magnífica y lujosa de las ciudades. Sabemos que, de momento, dejó de componer durante un año: como él mismo explicó, "un hombre joven en mi situación, en Londres y en París por primera vez, no podía hacer otra cosa sino pasarlo inmensamente bien" (16 de mayo, 26 de junio de 1833; 11 de marzo de 1834). Un equivalente modesto podría ser un joven director cinematográfico de éxito de Varsovia, en su primer viaje a Los Ángeles y Nueva York.

Para un músico italiano, París ofrecía un premio especial. La ciudad estaba en el corazón de la cultura europea —la capital de la moda, del periodismo y del chismorreo; una reputación que se construyera allí llegaría hasta Lisboa y hasta Moscú. Su idioma —aunque Bellini tuvo problemas con él— era conocido por toda la gente educada a través de Europa. Era la capital del placer, llena de turistas y de residentes en buena situación económica que engrosaban el público de los teatros y de las salas de conciertos. En música era una de las ciudades pioneras de materia de orquestas sinfónicas; sus tradiciones operísticas eran más difíciles de roer, pero las útiles leyes de derechos de autor hacían que el esfuerzo valiera la pena. Londres, en contraste, ofrecía poco aparte de dinero. Su idioma les parecía foráneo a los procedentes del continente; Bellini no intentó conocerlo. La ópera, un lujo italiano de importación, solo tenía una temporada de cuatro meses; el teatro musical nativo navegaba constantemente en el campo de la *ballad opera* y la pantomima, formas con las que el moribundo Weber había hallado un compromiso en su *Oberon*, pero que los compositores italianos apenas podían aceptar. Añadamos a esto el clima, el hollín, la niebla.

Por estas razones, la estancia de Bellini en Londres de casi cuatro meses —desde últimos de abril hasta mediados de agosto de 1833— estaba destinada a ser poco más que un interludio. Las circunstancias la convirtieron, probablemente, en una desilusión también.

No reunió todo el dinero que había esperado. Su contrato con el director de la Ópera italiana, Pierre-François Laporte, le prometía 400 libras (10.000 francos) por poner en escena sus óperas, pero Laporte estaba metido en problemas financieros profundos y dos años más tarde Bellini todavía estaba intentando cobrar la mitad de su estipendio. Si además dio lecciones de canto a precios fantásticos a las mujeres de la nobleza y de las clases altas, como había hecho Rossini nueve años antes, es algo que no sabemos. Es cierto que escribió que estaba siendo constantemente invitado a "bailes, teatros, cenas, conciertos, casas de campo... tantos entretenimientos me superan"; ya conocía "a todo Londres" (16 de mayo de 1833). Pero mientras Rossini había ido a Londres en el momento máximo de la locura por su música, Bellini se encontró con el rechazo de los críticos: su éxito fue más bien social que profesional. "El todo Londres" incluía a tres personas que un poco más tarde apoyarían la carrera de Bellini promoviéndolo también entre la buena sociedad de París: allí Harriet, condesa Granville, una mujer famosa por su inteligencia, era la embajadora británica; su primo Henry Greville era un consejero de embajada honorario; el hermano de Harriet, el solterón duque de Devonshire, venía de visita de vez en cuando. A estos miembros de la más alta aristocracia *whig* les cayó en gracia Bellini, quizás sin pensar de él mucho más que encontrarlo un "conocido original y agradable"; estas palabras son de Greville, quien lo veía muy a menudo y lo describió como "muy atractivo, muy 'fino' y a la vez muy poco sofisticado [no "estropeado"] y natural". Para Bellini, estos aristócratas tenían la ventaja de hablar italiano: las clases superiores británicas cultivaban ese idioma, bien al contrario que sus equivalentes parisienses, quienes esperaban que uno hablara francés con fluidez.

Con la mayoría que no hablaba más que inglés, Bellini tenía poco que hacer. Tres semanas después de su llegada, todavía no podía salir por su cuenta, porque no conocía "ni el idioma ni las calles". Su alojamiento en Old Burlington Street —un buen lugar— funcionó bien mientras lo compartió con los Pasta, pero cuando terminó la temporada de ópera y ellos se marcharon a casa, se sintió "oprimido por una melancolía tal que me estaba matando", de modo que se trasladó a vivir con un músico italiano residente, y poco después se volvió a París.

La recepción que recibieron sus óperas lo habría hecho partir incluso aunque el mes de agosto no hubiese traído consigo el final de la temporada londinense, cuando "todo el mundo" se iba. El gusto musical predominante era la música alemana; en ópera italiana, Rossini. El *Morning Chronicle* consideró que *Norma* era poco original y ruidosa, y que *Capuleti* era "inferior incluso a *Norma*"; su compositor era de "tercera categoría". Otras críticas, aunque menos drásticas, estaban de acuerdo en considerar a Bellini un imitador que, en el mejor de los casos, tenía un don para crear pathos. El único éxito indudable (que no fue en la Ópera italiana) fue una *Sonnambula* pirateada en una versión inglesa degradada por el zapatero musical Henry Bishop. Y el éxito se debió a la presencia de Maria Malibran en el papel principal: su intensidad se lo llevaba todo por delante. En la primera representación de *Norma*, en cambio, parece que la Pasta cantó desafinando; luego la ópera funcionó bien, pero no tanto como la *Anna Bolena* de Donizetti, algo que tiene que haber irritado a Bellini[26].

Los críticos, por lo que parece, eran incapaces de ver lo que había de nuevo en su obra. Un año o dos más tarde, como se vio, su música se abriría camino para conseguir una duradera popularidad. Mientras tanto se comprende que quedara fascinado por la Malibran, no como amante, sino como el "ángel" para el cual quería escribir un nuevo papel.

En París, Bellini buscó un contrato para escribir una ópera; no tenía necesariamente la intención de quedarse a vivir allí. Si se quedó fue por una serie de razones, entre ellas la incomodidad de volver a Milán mientras Giuditta Turina estaba en malas relaciones a la vez con él y con la familia de su marido. Los palquistas de La Scala estaban tan unidos entre

---

[26] *Morning Chronicle*, 2 de mayo, 24 de junio, 8 de agosto de 1833; *Morning Herald*, 24 de junio de 1833. Una información favorable apareció en el *Morning Post* (traducción en *E,* páginas 373– 374), pero era un elogio vacuo de la Pasta y no decía nada sobre *Norma* como ópera. Una información favorable atribuida a *The Times* en el *Eco*, y mencionada en una carta dudosa de un autor siciliano (*ibid.*, págs. 374–375) no aparece en los archivos microfilmados de dicho periódico; puede ser que apareciera en algún otro lugar. Véase E. J. Dent, "Bellini in Inghilterra", en los *Atti del convegno internazionale di studi belliniani*, Catania, 1985, págs. 225–231.

sí como un pueblo: muchos se pusieron de parte de la Turina, y aunque Bellini le escribió a su editor que él se reía de esta "absurda situación", las noticias claramente lo indujeron a mantenerse apartado (? de junio de 1834). Un campo más positivo era la atracción de París como centro de las artes, algo de lo que Bellini se dio cuenta a fines de septiembre de 1833, incluso a pesar de que sus negociaciones con la Opéra de momento habían fracasado.

El director de la Opéra, Louis Véron, aparentemente lo había tentado en su camino hacia Londres con una oferta de una *prima* (un pago fijo) encima de los derechos de autor. Esto era importante, porque los derechos de autor, bajo la ley francesa, tenían que repartirse por partes iguales con el libretista: dependían del número de representaciones, que podía no ser grande, y además las obras de gran formato que la Opéra ponía en escena podrían sobrecargar en exceso los recursos de los teatros provinciales. Por estas razones, oyó decir Bellini, el *Robert le Diable* de Meyerbeer —el gran éxito de la Opéra en los primeros años 1830— le había dado a su autor menos derechos que algunas de sus más modestas *opéras-comiques*. Véron, a quien Bellilni encontró de nuevo a su regreso de Londres, ahora rechazó este trato. De momento, no había nada más que hacer.

Bellini, sin embargo, escogió quedarse a pasar el invierno en París. A fines de septiembre ya había decidido que su carrera y vivir con la Turina eran cosas incompatibles. Todavía confiaba en alcanzar algún acuerdo con uno u otro de los teatros de ópera de lengua francesa. Entre tanto compondría para el Théâtre-Italien, el teatro de ópera italiano. *Il pirata* fue representada con éxito en octubre; *I Capuleti,* en noviembre; las negociaciones parecen haber empezado más o menos por entonces y durante el invierno, probablemente en enero, Bellini firmó un contrato para escribir la ópera que acabaría siendo *I puritani*.

De ahí surgió una cadena de nuevas partidas. Bellini, sumergido en su vida de salón parisiense, la encontró pesada y, después de cierto tiempo, se volvió hacia una clase de gente menos brillante pero más congenial. Continuó persiguiendo a la dirección de la Opéra, pero abrió otro frente en la Opéra-Comique. Le puso asedio a Rossini, el dios que presidía el teatro de la ópera italiana, cuya benevolencia necesitaba si quería tener éxito en un mundo teatral que le resultaba poco familiar. Trabajó en *I puritani* con un nuevo libretista por estrenar que requería mucha formación previa. Cogió al vuelo la posibilidad de un contrato por tres óperas en el San Carlo de Nápoles. También buscaba esposa.

Los éxitos sociales de Bellini en París forman parte de su leyenda. La verdad es que sus entradas en los salones estuvieron limitadas casi totalmente a los inviernos de 1833–1834 y 1834–1835, es decir, cada vez después de un gran éxito profesional (la primera vez con *Il pirata* e *I Capuleti*, y luego a partir de fines de enero de 1835, con *I puritani*). La mayor parte del resto del tiempo lo pasó o bien en un pequeño círculo teatral o en un retiro suburbano.

Se alojaba en el corazón del distrito teatral. Una casa de baños china parece un lugar no muy recomendable. "Les Bains Chinois", sin embargo, era un bonito hotel privado con un restaurante y unos baños añadidos, con un diseño que confiaba en parecer una pagoda. Bellini tenía allí dos bonitas habitaciones alquiladas. Estaba en el Boulevard des Italiens, la elegante avenida, lugar adecuado para ir de compras o pasearse y sentarse en los mejores cafés. Dos calles más allá estaban la Ópera de los italianos y, casi enfrente a través del bulevar, la Opéra (entonces la Salle Le Peletier, que ya no existe).

Rossini vivía en el piso de encima del Théâtre-Italien; varios de los amigos y colegas de Bellini de Nápoles y de Milán aparecían por allí y se alojaban cerca. Si uno giraba hacia la derecha hacia la Opéra, se encontraba uno en la Rue de Richelieu, donde se alojaba Giuditta Pasta cuando estaba contratada en París. Si por el otro lado uno giraba a la izquierda al salir de Les Bains Chinois y caminaba unos cien metros o así por el bulevar (que aquí cambiaba su nombre y se llamaba Boulevard des Capucines), llegaba uno a la casa de apartamentos donde vivía un rico judío inglés llamado Levy, un hombre del que hablaremos más veces; él también estaba vinculado al mundo de la ópera milanés, conocía a la Pasta y a su círculo de amistades, y hablaba italiano. Bellini, en otras palabras, pasó buena parte de su tiempo dentro de un área muy limitada de París, casi toda dedicada a la ópera, y con gente de habla italiana.

Gracias a la presentación de Lady Granville, él siguió su "sistema" y se metió en el París de la buena sociedad. Desde la revolución de 1830 y el ascenso del "rey burgués", Luis Felipe, esto ya no quería decir la vieja aristocracia realista, sino una mezcla de poderosos, de nuevos ricos y de artistas. Entre las personas que le dieron la bienvenida estaban el ministro del Interior, Adolphe Thiers, en cuya ayuda confiaba para arrancar su *prime* de la dirección de la Opéra; el financiero barón de Sellieyre; la exiliada liberal italiana, princesa Belgiojoso, cuyo salón atraía a los principales escritores y músicos; y Madame de Flahault y Madame Jaubert, ambas esposas de altos funcionarios, la primera una dama noble escocesa por derecho propio. Algunas de las damas que recibían en esos salones hablaban italiano; la mayor parte de sus invitados, no.

Este era el problema. Bellini nunca aprendió a hablar el francés con la fluidez necesaria para formar parte de los habituales de los salones. Hay

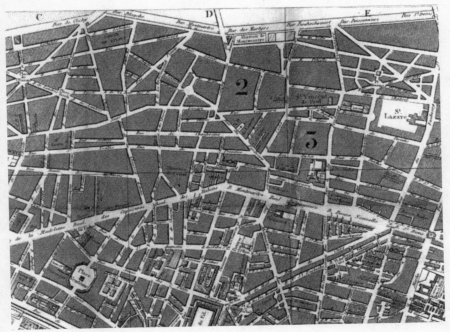

El distrito teatral de París, en un mapa de los años 1830
(Biblioteca de la Universidad de Cambridge).

varias anécdotas que testimonian sus confusiones lingüísticas. En una
ocasión trató de pedir en una tienda un sombrero de fieltro *(chapeau de
feutre)* y en lugar de ello pidió un "sombrero de joder" *(chapeau de foutre)*.
En otra ocasión intentaba decir "esto es mentira" (en italiano una *bugia*),
pero en francés lo que dijo fue "esto es una candela" *(bougie)*. De acuerdo con su amigo, el músico alemán Ferdinand Hiller, el pensamiento
preciso de Bellini y su animado sentimiento aseguraron que sus "expresiones más bien confusas adquirieran un encanto, a través de la oposición entre su contenido y su sintaxis, que a menudo se echa en falta en
el discurso de los retóricos más acabados", pero podemos dudar de que
este encanto fuera suficiente para los franceses que lo escuchaban: la
descripción de Madame Jaubert de que su forma de hablar y sus maneras eran "infantiles" sugiere que en realidad no podía mantener lo que los
parisienses podían considerar como una conversación entre adultos. Este
impedimento probablemente nos explica el casi total silencio sobre
Bellini como hombre en las muchas cartas chismosas y los diarios de su

tiempo. Una vez uno había observado que era guapo y que era famoso, no había nada más de que informar.

Bellini, por su parte, encontró que todo esto lo fatigaba. En febrero–marzo de 1834 informó en varias ocasiones de que su cabeza estaba "aturdida por tantos entretenimientos de Carnaval", que había pasado una "especie de crisis" de mala salud a causa de todos esos "bailes, *soirées*, cenas, etc., etc." (12, 14 de febrero, 11 de marzo de 1834). (La crisis venía probablemente de su amebiasis, pero parecía una indigestión social.) Un año más tarde volvió a necesitar "proclamar una tregua en materia de entretenimientos en París, que parecen propios para fatigar a un Hércules" (1 de abril, 18 de mayo de 1835). El remedio, cada vez, era irse a acampar a las afueras y trabajar allí en paz.

Tanto en 1834 como en 1835 Bellini pasó, o pensó pasar, casi medio año en Puteaux, entonces un suburbio rico; estuvo allí, en la misma casa donde moriría, desde justo antes del 26 de mayo hasta más o menos el 1 de noviembre de 1834, y volvió de nuevo hacia el 11 de mayo de 1835. Podía irse corriendo a París para pasar algunos días seguidos, por ejemplo para los ensayos de *La sonnambula* en el Théâtre-Italien en octubre de 1834; había omnibuses de tracción animal que salían cada diez minutos hacia el centro de París y hacían el recorrido en media hora. *I puritani*, sin embargo, lo compuso casi por completo en Puteaux, y el libretista lo visitaba siempre que hacía falta.

La casa de Puteaux (con sus criados) fue puesta a disposición de Bellini por su arrendatario. Este era su vecino del bulevar, Mr. Levy. Él y la mujer que pasaba por ser su esposa a veces le hacían compañía a Bellini, y en otras ocasiones volvían al centro de París y lo dejaban continuar con su trabajo. Tal como él mismo dijo "si queremos una ronda de placer podemos salir corriendo [hacia París]; mientras que aquí en el campo llevamos una vida pacífica y monótona" (30 de mayo de 1835).

¿Quién era Levy? ¿Quién se hacía pasar por la señora Levy? Como Bellini murió cuando estaba a su cargo, han sido motivo de muchas especulaciones. Desde bastante antes de su muerte, eran las personas que veía más a menudo. Ahora podemos darle a Levy una identidad casi segura, y aproximarnos a la identidad de su amante hasta centrarnos en dos posibilidades. Las pruebas son complejas, su desentrañamiento laborioso: por esto va incluido en un apéndice debidamente titulado *Una historia detectivesca*.

Aquí nos limitaremos a resumir los hallazgos.

Solomon Levy era el segundo hijo de un mayorista de ropas confeccionadas que trabajaba a partir de un gran almacén en el barrio Este de Londres. Este negocio ajado, basado en dar trabajo a muchos individuos y talleres pequeños a unos precios lamentablemente bajos, tenía mala reputación pero daba dinero; el hermano mayor de Solomon, que lo dirigía, vivía bien. El propio Solomon parece haber tenido poco que ver con el negocio que lo mantenía. Estaba casado, aparentemente tenía una casa en el entonces elegante suburbio de Stoke Newington, pero pasaba mucho tiempo en el continente europeo sin su esposa. En algún momento a principios de los años 1830 estuvo en Milán —tal vez como compañero de una cantante— y conocía a los Pasta y su círculo; casi seguro que conoció a Bellini allí. En 1833–1835 pasaba ya de los cuarenta años, y por lo tanto tenía al menos diez años más que Bellini. Además de alojarlo en su casa, invirtió 40.000 francos por cuenta de su amigo, 30.000 de los cuales en unos bonos españoles muy inseguros; después de la muerte de Bellini devolvió puntualmente el capital, los bonos españoles a su valor de mercado de aquel momento, de 22.577,50 francos.

Su amante, que se hacía pasar por señora de Levy, era una actriz de teatro cuyo nombre artístico (y tal vez también el legal) era Mlle. Olivier. Desgraciadamente, las pruebas no son tan precisas como para saber si se trataba de Jenny Olivier, una cantante de poco rango que más tarde fue amante del poeta Heinrich Heine, o bien Honorine Olivier, una bailarina que en 1833 dejó el cuerpo de baile de la Opéra, donde había trabajado desde la infancia, convirtiéndose en una mujer muy hermosa. Cualquiera de los dos corresponde a los hechos; en 1834–1835 ambas tenían aproximadamente veinticinco o veintiséis años, algunos años menos que Bellini.

Un rumor que circuló después de la muerte de Bellini sostenía que Mlle. Olivier era su amante, además de serlo de Mr. Levy. ¿Era acaso la mujer "dócil" que él veía de vez en cuando y que "no representaba ningún problema", de modo que podía hacer el amor y ponerse inmediatamente a pensar en su ópera? En Puteaux —donde estaba Bellini cuando escribió acerca de esa mujer—, Mlle. Olivier tenía acceso franco. Si la historia era cierta, Bellini había repetido su arreglo a tres bandas con Ferdinando y Giuditta Turina: un amigo mayor que él, un asunto intermitente con la esposa o amante más joven del amigo, y una armonía entre los tres que podía durar mientras nada exigiera un ajuste de cuentas. Pero no podemos concretar cuáles eran sus verdaderas relaciones.

Una cosa está clara: un judío extranjero con una fuente dudosa de ingresos y conexiones teatrales, y una actriz teatral a la que la Turina describió como "una mujer mantenida", no habrían sido considerados respetables por los conocidos socialmente importantes de Bellini. Que Bellini prefiriera estar con ellos que en los salones nos dice mucho, en primer lugar de sus dificultades para mantenerse a tono en una conversación francesa educada, y en segundo lugar, sobre su temperamento.

Por mucho que se jactara de su dandismo y de su "sistema", era más un animal de teatro que un trepador social. Los Levy eran "amables" ("y de buen carácter") (23 de enero de 1835). Y eran, podemos suponerlo, más divertidos que una habitación llena de condesas.

Las condesas y los ministros del gobierno, sin embargo, también eran útiles, especialmente si le podían ayudar a uno a escribir para la Opéra. Ese teatro ocupaba una posición central en la cultura parisiense y, por lo tanto, en la europea. Bajo el control de Véron, un médico y empresario, era tan burguesa como el nuevo rey. Antes de la revolución de 1830 había apreciado los ideales austeros de Gluck y había soportado una inmensa lista de entradas gratuitas (que venía a cubrir alrededor de la mitad de su público), pero ahora se había especializado en grandes óperas de tema histórico con ballet que a la vez eran espectaculares, educativas y divertidas —versiones más coloristas que el *Guillaume Tell* de Rossini; durante algunos años la dirección incluso llegó a ganar dinero.

Había dos obstáculos en el camino de Bellini. El primero era que todos los espectáculos de la Opéra y de la Opéra-Comique tenían que ser en francés. Esto suponía una mayor dificultad para él que lo había sido para Rossini, quien se preocupaba menos por las palabras. Quizás a causa de sus limitaciones como lingüista, a Bellini le costó algún tiempo darse cuenta de las dimensiones del problema. Pasó un año antes de que subrayara que una negociación con éxito significaría "escribir en francés, ¡Dios nos asista!"; dos meses más tarde comprendió que "para poder escribir en francés necesito experiencia del país y de su espíritu" (21 de septiembre y 18 de noviembre de 1834) —lo que no era una exigencia baladí.

El otro problema era que la Opéra trabajaba de un modo extremadamente lento, de un modo del que la esposa de Verdi más tarde diría que era "un sistema de mármol y plomo". A diferencia de los negocios operísticos italianos, la Opéra tardaba meses, si no años, en preparar, ensayar y anunciar sus obras rompedoras de moldes. En 1834–1835 estaba ocupada primero con *La Juive* de Halévy y luego con *Les Huguenots* de Meyerbeer, cada una de las cuales fue un éxito inmenso. Por este motivo, no tenía ninguna prisa en encargarle algo a Bellini. Hacia marzo de 1834, el acuerdo le parecía "imposible".

A principios de agosto, los directores del otro teatro estatal, la Opéra-Comique, se dirigieron a él para que escribiera algo. Esto significaba una ópera más corta, con diálogo hablado y sin ballet. Se sintió interesado, no solo porque una obra más accesible ganaría más dinero, sino porque la música "popular" y tarareable que la Opéra-Comique prefería le llamó la atención como más "del gusto italiano". De todos modos, él ya cuidaría el gusto francés teniendo un cuidado particular con los finales, los coros y las piezas concertantes. Como muchos italianos, su actitud era crítica respecto de los cantantes franceses: tendría que enseñarles a no "chillar sin sentido" o permitirse esas "*roulades* asesinas". Al principio creyó que tenía seguro un contrato que le daría por el estreno una cantidad de 12.000 francos además de los derechos de autor, permiso para reciclar la música en Italia, y mucho tiempo para componer. Pero se fue a pique precisamente por la última cuestión: de pronto la dirección quería que escribiera a tiempo para alcanzar a un tenor que ya no estaría disponible después de la primavera de 1835. Esto significaba trabajar a toda prisa en el momento en que hubiese acabado con *I puritani* y Bellini ya estaba cansado de trabajar a toda prisa; rehusó el contrato (4, 21 de septiembre de 1834).

Las negociaciones continuaron intermitentemente hasta el principio del año 1835. En un momento Bellini pensó en adaptar todas sus obras a textos franceses de modo que pudieran ganar derechos de autor y gozar de la protección de los mismos —*Norma* en la Opéra, y las restantes en la Opéra-Comique y en provincias (Verdi haría esto mismo más tarde con algunas de sus obras italianas). Finalmente, y siguiendo el consejo de Rossini, decidió intentar primero con la Opéra, que daba prestigio, y guardar la Opéra-Comique para más tarde (10, 24 de octubre, 18 de noviembre de 1934, 18 y 25 de mayo de 1835).

Hasta el fin de su vida, la Opéra se le mostró esquiva. Allí también continuaban las negociaciones. En el verano de 1835, una nueva dirección del teatro seguía rehusándole un tanto alzado por la ópera. Bellini, sin embargo, jugaba tomándoselo con calma. Había estado discutiendo una ópera para que se pusiera en escena en 1837, en tres actos más que en los habituales y mastodónticos cinco actos, y por lo tanto más cerca de las proporciones de la ópera italiana. Justo antes de su muerte estaba dispuesto, como último recurso, a renunciar al tanto alzado por la ópera: "No puedo soportar por más tiempo estar ocioso... Y si la primera ópera [francesa] es un gran éxito, como espero, probablemente podré [en el futuro] dictarles la ley a ellos" (2 de septiembre de 1835). Fue un profesional hasta el fin.

Indirectamente en la Opéra —y de modo más directo en el Théâtre-Italien—, esos planes dependían de la buena voluntad de Rossini. Con él, el recién llegado tenía una relación edípica. Aquí estaba todo en un bloque la figura del padre que Bellini necesitaba convencer y el rival al que tenía que suplantar.

Se habían visto una vez antes, en Milán, en 1829; Rossini entonces elogió a Bellini cuando lo tuvo delante, pero ante terceras personas expresó sus reservas que nunca desmintió. En 1833, cuando ambos se encontraron de nuevo en París, Rossini —que tenía cuarenta y un años frente a los treinta y uno de Bellini— era moralmente mayor por una generación: trataba a Bellini de "tu" como si fueran íntimos, mientras Bellini se dirigía a él de "voi".

Rossini no había vuelto a componer ninguna ópera desde su *Guillaume Tell* de cuatro años antes. Esa obra le había dado una influencia capital en la ópera francesa, siendo todavía el dios incuestionado de la ópera italiana. Sabemos que en los treinta y cinco años que le quedaban de vida nunca más volvería a escribir para la escena. En este momento, esto ya empezaba a parecer cada vez más probable, porque la norma era componer un año tras otro. Todavía estaba, sin embargo, libre de la depresión que lo atormentaría durante casi dos décadas; nadie podía estar seguro de que el maestro no volvería a desempaquetar sus armas y lanzaría otra andanada.

El piso que Rossini tenía encima del Théâtre-Italien era un símbolo de su posición. Él oficialmente no llevaba la compañía —esto era la labor de los empresarios—, pero él era quien guiaba su criterio artístico y aconsejaba la elección de los cantantes, algunos de los cuales (como el "cuarteto de *I puritani*" formado por Giulia Grisi, Rubini, Tamburini y Lablache) fueron de los mejores que jamás se hayan oído allí. Era su "oráculo"; poco era lo que sucedía sin su aprobación.

Recordándolo después de su triunfo con *I puritani*, que debía en parte a las orientaciones de Rossini, Bellini escribió que al principio este había sido "mi peor enemigo, estrictamente por motivos profesionales":

> era cierto [le dijo a Florimo], absolutamente cierto que antes que yo lo abordase, yo no le gustaba en absoluto a Rossini, que él hablaba mal de mi música y se burlaba de ella tanto como podía, pero entré en contacto con él, lo visité a menudo, mi personalidad le pareció atractiva, me tomó afecto, le pedí consejo acerca de mi ópera, respondió interesándose por ello, vino el éxito y él continuó igual... en conjunto Rossini me ama (3–4 de marzo, 1 de abril de 1835).

Se ha usado este texto como prueba de la paranoia de Bellini, como también unas afirmaciones parecidas hechas cuando estaba escribiendo *I puritani:* él sabía que Rossini había colocado a Pacini por delante de él como el compositor italiano joven más dotado, y a Donizetti como organizador de números operísticos, y en general favorecía a sus propios serviles imitadores. Sin embargo, el relato de Bellini, casi sin duda alguna, es correcto.

Para Rossini, el siciliano representaba la generación más joven que llamaba a la puerta. Ya en 1829 había comentado en Milán que *Il pirata* era una obra muy madura y bien realizada, llena de sentimiento, pero "llevada a tal extremo de filosofía que a la música le faltaba brillantez acá y allá". Este tipo de música, le dijo al joven compositor, mostraba que "tenía que amar muy, pero que muy profundamente", aparentemente un cumplido que repetiría más tarde en París (28 de agosto de 1829, 4 de septiembre de 1834). Rossini sabía, en otras palabras, que los críticos había comparado con sus propias obras, supuestamente sobreorquestadas y un poco distantes en el modo de tratar las palabras, la música más "filosófica" de Bellini; viniendo de un hombre tan irónico, el elogio de la sinceridad de un compositor era un arma de doble filo. Hacia 1833 Bellini había desnudado su escritura orquestal todavía más; mientras seguía aprendiendo de Rossini cómo estructurar las escenas, se estaba moviendo en una dirección propia. También había ganado —aunque es cierto que el mercado estaba en alza— honorarios más del doble de altos que los que había conseguido jamás Rossini en Italia.

La animosidad "profesional" de Rossini es comprensible. Bellini podría muy bien suplantarlo ahora que se había puesto de moda un romanticismo ardiente —una moda que el compositor mayor no podía compartir. El propio Bellini escribió que París lo juzgaba "el primero después de Rossini" (21 de septiembre de 1834, 1 de abril de 1835); y como Rossini parecía haber dejado la ópera (y estaba supuestamente pasando de moda), en la práctica esto significaba que también aquí Bellini era ya el campeón. Para Rossini, la ambición de Bellini tiene que haber quedado clara. No hay ningún artista establecido que le guste ser empujado a un lado.

Había, además, auténticas diferencias artísticas entre los dos. En el último año de su vida, Rossini inspiró y proporcionó material para un libro sobre Bellini escrito por un crítico francés. Aunque el autor, Arthur Pougin, hizo que el resultado fuera más basto, su acento sobre la "ignorancia" técnica de Bellini y la "monotonía" y "falta de desarrollo" de su música hace juego con la afirmación más delicadamente redactada de Rossini a Florimo. Rossini había derribado a la escuela "filosófica" de Paisiello con su escritura más decidida y elaborada, tanto en lo vocal como en lo instrumental, y ahora la veía volver en una nueva forma con Bellini. Nunca se reconcilió plenamente con esto, pero era demasiado astuto para no reconocer la calidad de la música de ese joven en sus mejores momentos.

Como Rossini era un hombre sin hijos y, como muchos hombres dados al sarcasmo, se sentía infeliz, probablemente se sintió conmovido cuando Bellini apeló a su buena voluntad —"la de un padre para con su hijo, la de un hermano para con su hermano"—:

Yo... le dije [informó Bellini a Florimo] que me aconsejara (estábamos solos) como un hermano a su hermano, y le pedí que me quisiera; *Pero si te quiero* (contestó él); *Sí, usted me quiere, pero tiene que quererme más* (añadí yo). ¡Él se rió y me abrazó! (4 de septiembre, 18 de noviembre de 1834).

Bellini primero estaba decidido a "esperar los acontecimientos y ver si estaba diciendo la verdad o no" y nunca apartó de sí las dudas del todo, pero en conjunto valoró los consejos de Rossini y acabó sintiendo que su colega mayor quería ayudarlo sinceramente —algo que nos da una imagen favorable de ambos[27]. Pudo ocurrir solo porque no eran competidores directos. Respecto de un rival en activo como Donizetti, cuyo *Marino Faliero* apareció en el Théâtre-Italien justo después de *I puritani* y con menos éxito, Bellini empezaría mostrándose temeroso y después insultantemente despreciativo.

"[Rossini] pensó que me podía decir algo acerca de la instrumentación." Sus consejos contribuyeron a persuadir a Bellini de que al componer para un público francés necesitaba tener una paleta orquestal más rica y variada, pero no fue la única influencia que sufrió el compositor. París, como Bellini acabó por comprender, estaba entregada a la música orquestal; los compositores franceses eran buenos en esto incluso aunque su escritura vocal fuese floja: "como en Alemania, estudian efectos de orquesta y cómo mantenerla bien nutrida" (1 de julio de 1835). Ya en Nápoles —ya lo vimos—, Bellini estaba familiarizado con las partituras de orquesta, pero ahora las pudo oír interpretadas. En Londres escuchó a Mendelssohn dirigir su *Sinfonía italiana*. Después de oír la *Sinfonía pastoral* de Beethoven interpretada por la orquesta del Conservatorio de París, le dijo a Hiller en su mezcla de francés e italiano: "'Es tan bello como la naturaleza' y sus ojos brillaban como si él mismo hubiese hecho algo muy importante."

---

[27] El alcance de la influencia de Rossini sobre la partitura de *I puritani* se desconoce. Es casi seguro que es falso (lo que Florimo asegura) que Bellini sometió toda la partitura a Rossini para que la juzgara, con una carta humilde y precavida en la que le ofrecía dejarle "cortar, añadir o modificar la cosa entera, si usted lo cree conveniente, y así se beneficiará mi música". Este pasaje fue supuestamente "transcrito literalmente" de una "carta" de Bellini a Florimo del 14 de diciembre de 1834, que Florimo no publicó en ningún otro lugar y que no ha sido vista nunca. También publicó un "extracto" de una "carta" fechada el 15 de mayo de 1933, comparando a *Guillaume Tell* (en la que le hace decir a Bellini que la ha visto treinta veces) con la *Divina Comedia* de Dante: Florimo, *B*, págs. 51–54. En esa supuesta fecha, Bellini no podía haber oído *Guillaume Tell* ni siquiera tres veces. Esto parece ser otro de los intentos de Florimo para subrayar las virtudes de Bellini y sus armoniosas relaciones con sus compositores colegas.

Otra inducción a rellenar y variar su orquestación fue que ya no podía confiar en su don para la puesta en música de las palabras italianas. "En París", escribió, "se necesita la música antes que nada —ellos no conocen la lengua [italiana] y no les importa si las palabras son buenas o malas" (25 de marzo de 1835). Y, finalmente, si tenía un día que escribir para la Opéra, tenía que demostrar que él podía gobernar en gran escala no solo la orquesta, sino el coro y las fuerzas de la historia, desplegadas por el libreto en un espectáculo edificante. El viaje a París había hecho salir a Bellini de una cultura italiana autosuficiente; si tenía que triunfar tenía otra vez que superarse en el juego.

El resultado fue *I puritani*, un éxito tal como para convertirse en la ópera victoriana por excelencia. "Nuestros queridos *Puritani*" eran sin duda la ópera perferida de la reina Victoria; incluso en el momento máximo de la locura wagneriana Bernard Shaw, que había recibido su formación musical en los años 1860, podía hacer volver su punto de vista "al de los ancianos caballeros que todavía no piden nada mejor que ... un cuarteto de cantantes italianos capaces de hacerle justicia a 'A te o cara'". *I puritani* entonces parecía anticuada de mala manera; en los años recientes ha vuelto a aparecer como una obra llena de vida, vida musical sobre todo, a pesar de tener una estructura dramática con fallos y con la marca de ser una obra de transición —una obra-puente entre el pasado italiano de Bellini y la ópera francesa que él quería escribir—: esto es lo que la hace menos perfecta que *La sonnambula* o *Norma*.

La historia británica del período Tudor o Estuardo era una fuente fértil para el drama romántico francés, en parte gracias a la moda de las novelas de Scott, en parte porque estaban llenos de accidentes sórdidos afortunadamente muy alejados en el tiempo. *I puritani* procedía de una obra de teatro de bulevar acerca de los "cabezas redondas" y los caballeros, tan densamente cargada de política e intrigas que hubo que dejar de lado un buen trozo de la obra. Lo que quedó —el héroe ayudando a la incógnita reina Enriqueta María a escapar, volviendo con ello loca a su enamorada puritana— era a la vez insuficiente y en los momentos cruciales, absurdo: después que Elvira se vuelve local, el drama chapotea hasta la última crisis y reconciliación; la acción depende de ideas cerebrales tales como Elvira colocando el velo de bodas sobre la cabeza de una mujer desconocida, y el hecho de que el padre tenga que irse con un pretexto justo antes de la boda.

Bellini, sin embargo, pensó que este tema —escogido ya hacia abril de 1834— tenía "un profundo interés, situaciones que mantienen la mente en suspenso y que la llevan a lamentar el sufrimiento de gente inocente"; aquí estaba el *pathos* que había estado buscando en *Beatrice*, con la ventaja de que surgía no por la acción de personajes malvados, sino por la del "destino" (11 de abril de 1834). Después reconoció que algunas de las palabras eran pobres, pero seguía creyendo que las situaciones eran "teatrales", con un pathos variable (como en *La sonnambula* y, detrás de esta, en la *Nina* de Paisiello), con "robustez militar" y "austeridad puritana" (4 de octubre de 1834; 1 de julio de 1835). Como sus contemporáneos italianos, él pensaba todavía en términos de números operísticos —adecuados para cantantes determinados, y cada una incorporando una emoción distinta; no miraba el drama musical como un todo. Según Pierluigi Petrobelli, que fue el primero en definir este tipo de poética, "a veces puede emerger", en las óperas del tiempo de Bellini, "un sentido de unidad musical" (como, podríamos añadir, en *Norma* y *Sonnambula)*, pero "no es el resultado de una búsqueda consciente y cuidadosa". Mientras estaba escribiendo *I puritani*, Bellini tenia demasiadas otras preocupaciones para permitirse ni siquiera una búsqueda inconsciente.

Su libretista era un exiliado político y poeta menor que escribía textos de canciones para compositores, pero no sabía nada de teatro. El liberalismo del conde Carlo Pepoli y su nacionalismo turbaban un poco a Bellini; y su inexperiencia, mucho más.

Bellini era una figura del pre-Risorgimento, no era ni un liberal ni un nacionalista italiano, y fundamentalmente desinteresado de la política. Es cierto que cuando decidió quedarse en París seguía deseando meter la mano en los teatros italianos como compositor. Como estaba intentando conseguir un contrato para el San Carlo de Nápoles, que haría subir su precio base, le mandó a su amigo Lamperi una información para conocimiento público: aunque París era un buen lugar para su carrera, Lamperi no debía

> pensar que iba a dejar a mi amada Italia; ella me ha visto crecer, me ha alimentado, y mi madre vive allí y yo estoy muy vinculado a mi familia, de modo que siempre me será muy querida, muy querida, tanto que si [...] yo no puedo ir [a Nápoles] a ver mi ópera en escena la enviaré, pero nunca dejaré de escribir para mi país a menos que haya dejado de escribir para cualquier otro teatro. Este secreto lo puedes revelar a todo el mundo (12 de febrero 1834).

Era un ejercicio de relaciones públicas: más tarde, cuando las direcciones tanto de Nápoles como de Milán —"esos imbéciles"— se negaron a aceptar sus tarifas, Bellini amenazó con dejar de escribir para Italia; cualquier cosa que escribiese para los teatros franceses sería pensado deliberadamente para que no sirviese para los requerimientos de los teatros italianos. Esta vez le dijo a su corresponsal —Florimo— que no se lo dijera a nadie, de modo que en realidad estaba simplemente "soltando vapor" (4 de agosto de 1834). No tenemos que sacar la conclusión de que Italia no significara nada para él. Estaba demasiado unida a su familia y al mundo de la música; evocaba en él los sentimientos de un niño, un niño cariñoso o enfadado, pero eso era todo.

Pepoli, por otra parte, había tomado parte en una revolución liberal en Bolonia; compartía la aspiración de su amigo, el gran poeta Leopardi, a una Italia noblemente independiente.

Con *I puritani* aprovechó la oportunidad. Una historia de la Guerra civil inglesa podía mostrar a un "pueblo luchando justamente para ser libre", una idea que era muy aceptable para un público parisiense en los años 1830. Propuso un himno a la libertad que seguiría al coro de entrada. Bellini señaló que no se podían poner dos coros marciales uno detrás de otro, habló de trasladar el himno a una escena posterior y, al final, cuando necesitó darles a los dos bajos algo más que hacer, lo convirtió en la cabaletta del dueto "Il rival salvar tu dêi"; no es que allí tuviera mucho sentido, pero bajo la forma de "Suoni la tromba" se convirtió en el momento de mayor éxito de la ópera.

Su actitud era pragmática. El himno era "solo para París, donde les gustan las ideas de libertad"; para Nápoles, en donde confiaba poder reciclar la ópera, toda palabra liberal sería cambiada o cortada; el mismo título de *Puritani* podía desaparecer (26 de mayo, 10 de octubre, 21 de noviembre de 1834). Mientras trabajaba en "Suoni la tromba" le explicó a Florimo que era "lo bastante liberal para darle a uno un susto" (5 de enero de 1835); a Pepoli le escribió, probablemente el mismo día: "el sonido de las trompetas hará que todos los corazones libres del teatro tiemblen de alegría. Adiós. — Viva la libertad".

Una vez más, no tenemos que creer que fuera insincero. Él trataba a Pepoli con una mezcla de engaño, imposición y broma: "viva la libertad" era una concesión de buen humor al hombre al que él mismo llamaba "Dottor Carluccio", "genio Pepólico", "cabecita dura", igual como, en Londres, había seguido la corriente a la escritora liberal Lady Morgan tocando y cantando para ella un himno en elogio de Italia, "blanca, roja y verde como una flor" (la bandera tricolor del reino de Italia de Napoleón). Esos gestos no costaban nada.

La inexperiencia de Pepoli le dio mucho que hacer a Bellini: el poeta se sujetaba a "las reglas", su diálogo, para empezar, era a la vez "prolijo", poco claro y escaso de pasión, y su dicción era a veces pobre (*c*. abril, 30 de mayo, *c*. septiembre de 1834, 18 de mayo de 1835). Mirando hacia atrás casi cuarenta años más tarde, Pepoli recordaba que Bellini había sido amable pero "excéntrico":

A veces me llamaba *ángel, hermano, salvador;* y a veces, cuando cambiaba las melodías y la música por tercera o cuarta vez, y yo observaba lo difícil o lo imposible que resultaba cambiar la estructura del drama o de los versos, tenía un ataque de ira, y me llamaba *hombre sin corazón*, sin amistad ni sentimientos: y después volvíamos a ser grandes amigos, más que nunca.

Bellini cortó algunos de los versos de Pepoli e hizo que reescribiera otros. Aun así, dejó pasar un trabalenguas como "cui cinser tue rose", algo que Romani no habría perpetrado. Pero tampoco podía imponer sus propias palabras como lo haría Verdi.

La falta de un texto definitivo hace más endiablado tratar de *Puritani* que de cualquier otra de las obras de Bellini. Las posibilidades abundan.

La ópera tenía que haber servido como una de las tres que se había comprometido a escribir para Nápoles, en una versión adaptada para la Malibran y otros cantantes: de ahí las transposiciones y el enriquecimiento de la parte de la soprano al final, en vez de la del tenor. Bellini mandó esto durante los ensayos de París, con la celeridad necesaria para llegar antes del límite de tiempo estipulado por Nápoles y la cuarentena impuesta por el cólera en el sur de Francia. (En realidad fue entretenida justo lo suficiente como para llegar tarde para ese límite, lo que dio a la dirección de Nápoles, que tenía serios problemas financieros, la excusa para romper el contrato.) Entonces, como la ópera amenazaba con durar hasta mucho después de las 11 de la noche impuesta por las normas de la policía, practicó cortes en la partitura de París justo antes y después del estreno. Esos cortes se llevaron partes extensas de varios concertantes; sin embargo, pueden recuperarse de la partitura de Nápoles. El aparente error que constituye el rápido indulto y la inmediata bajada del telón (que todavía se han visto en el Covent Garden en 1992) proceden de un corte de estos —uno que Bellini lamentó muy especialmente; hoy en día puede evitarse[28].

---

[28] Para conocer la compleja historia de las varias versiones —de las que aquí se da solo un sumario—, véanse G. Pugliese y R. Vlad (eds.), *I Puritani ritrovati*, Manduria, 1986, y Lippmann, *Vincenzo Bellini*, págs. 544–548. La versión de Nápoles, para adecuarse a la compañía de que se disponía, convirtió a Riccardo de barítono en tenor. La partitura, aunque conocida desde hace mucho tiempo, no fue representada ni publicada hasta los años 1980. Bellini al final excluyó "Suoni la tromba" por considerarla políticamente imposible, pero la envió también como pieza separada y no traspuesta. De hecho, fue representada (en la versión de París) a través de todos los estados despóticos de Italia mediante el sencillo expediente de cambiar "libertà" por "lealtà" ("lealtad") y "patria" por "gloria". En París, la policía había recordado por dos veces a la dirección del Théâtre-Italien que había una orden que imponía bajar el telón a las 11 de la noche como máximo: Préfet de Police a Robert, 26 de noviembre de 1831, 20 de febrero de 1834, AN París AJ13, 1161.

Uno de los decorados originales de Ferri para *I puritani*
(Bibliothèque Nationale, París).

Cortado o no, *I puritani* rebosa música por doquier. En su retiro de
Puteaux, Bellini tenía mucho tiempo. La noche del estreno se demoró de
noviembre de 1834 hasta el 25 de enero de 1835, en parte a causa de la
lentitud de Pepoli, pero el calendario era menos apretado que el de una
temporada de Italia: el compositor no se vio apremiado. Tener a cuatro
grandes cantantes exigía y ofrecía ricas oportunidades. La noche del
estreno produjo una "explosión" de entusiasmo que dejó a Bellini "tem-
blando... y a ratos anonadado"; *I puritani* fue el tema de conversación de
toda la ciudad; el rey y la reina invitaron a Bellini y el ministro Thiers lo
nombró caballero de la Légion d'Honneur.

I puritani es, como dice Alfred Einstein, "una especie de *grand'opéra*".
Bellini usa instrumentos fuera de escena, coros y solistas para evocar una
época y un lugar lejanos: la Galia de *Norma* podía estar en cualquier
parte y en cualquier época, pero aquí estamos en la historia —este, más
que el lugar exacto (Plymouth), es lo que importa. Nada más empezar nos
llama la trompa, espaciada en compases cambiantes; la sobrecogedora

plegaria fuera de escena, el brillante coro marcial, todo evoca un clima de austeridad y de guerra. En el último acto, la canción del trovador —cantada otra vez fuera de escena por la enloquecida Elvira y luego en escena por Arturo— es un recurso de *grand'opéra*, en parte ornamental, en parte evocadora de una era lejana. Y, sin embargo, por más que se mencionen Cromwell y el Parlamento, la historia apenas importa. Lo que acerca la forma de esta obra a la *grand'opéra* es su combinación de espectáculo, brillantez y romance, conseguido en parte gracias a una cuidadosa instrumentación para orquesta y coro, en parte por procedimientos espaciales como los sonidos de fuera de escena; Bellini había recorrido un gran trecho desde los primarios efectos de eco de *Il pirata*.

Más voces fuera de escena van construyendo las dos escenas clave de la ópera, primero la entrada del tenor en el primer acto con el conjunto "A te o cara", un extraordinario florecimiento belliniano que parte de la cuarta ascendente inicial y el ritmo cadencioso a través de una línea melódica ondulante hasta un clímax aparentemente sin fin, con el agudo —como escribió en aquella época Berlioz— "manteniéndose por encima de las notas profundas y las ornamentaciones de [los dos bajos], dispuestos de modo que produzcan leves y pasajeras disonancias contra el pedal superior" —un "efecto admirable", podríamos añadir, como un atisbo de cielo.

Y después, la voz de Elvira cuando ella merodea por entre los espacios del castillo abre lo que Bellini indistintamente llamó un trío, un aria y una escena: "Qui la voce sua soave" —realmente un equivalente de la escena de la locura de Ofelia, enmarcada y a la vez distanciada por los dolorosos comentarios del barítono y del bajo. Contra lo que era la práctica de la época, empieza fuera de escena con ese clímax que rompe el corazón ("O rendetemi la speme") de la melodía de Elvira en andantino; la melodía completa solo aparece cuando ella entra. Fragmentos de su línea vocal (aquí y allí tomados o apoyados por los hombres) se reparten a lo largo de su versión orquestal, que es continua pero irregular, nunca repetida exactamente. La elevación y caída sutilmente variada de la orquesta nos evoca un dolor sin fin, y los fragmentos vocales nos indican el carácter discontinuo de la mente de Elvira; el momento en que ella imagina que se está casando —allegro giusto, una reminiscencia del coro nupcial del acto I— forma un interludio débilmente metálico, fantasmagórico, y las cascadas ascendentes de semitonos en la cabaletta ("Vien diletto") usan la coloratura para demostrar cómo se desliza al fin en la histeria. En esta escena sorprendente Bellini hace trabajar su don melódico del modo más conmovedor mientras tuerce las estructuras de la ópera italiana para crear un drama musical.

Giulia Grisi en el papel de Elvira y Luigi Lablache en el de Giorgio, de la producción original de *I puritani* (Bibliothèque Nationale, París).

El dolor congelado y sin embargo transfigurado es el tono de "Credeasi, misera!", la sección lenta del concertante del tercer acto, otro número distinguido que funciona a través de medios tranquilos —la cúspide de la curva melódica se eleva cada vez por un tono o un semitono; combina "amplitud, rica sonoridad, claridad y concisión formal" (Lippmann). El aria de barítono ("Ah!, per sempre io ti perdei"), el aria del bajo del segundo acto con coro ("Cinta di fiori") y la sección inicial del dueto de ambos ("Il rival salvar tu dêi") son típicas melodías en *legato* que se mueven dentro de un margen reducido para lograr un efecto elocuente y original. Los dos "hits" del espectáculo en 1835 —la *polacca* "Son vergin vezzosa", escrita pensando en la delicada fiereza de la Malibran, y la guerrera pieza "Suoni la tromba", fueron ambas descalificadas por Berlioz como triviales. Son estas trivialidades las que mantienen una ópera en los escenarios mientras obras más graves desaparecen: una pieza de exhibición de brillante coloratura (adecuada para el estado de excitación de Elvira) y una marcha vigorosa, tan irresistible como para borrar el absurdo de esos dos hombres que esperan matar a Arturo en la batalla cuando, unos pocos minutos antes, uno estaba rogándole al otro que lo salvara.

Este es el tipo de cosa que hace que *I puritani*, a pesar de todas sus riquezas y su capacidad de fluir, sea en conjunto menos satisfactoria que *Norma* o *La sonnambula*. Bellini y Romani, trabajando uno junto al otro en óptimas condiciones, conseguían después de todo construir algo más que una cadena de números bien contrastados. Tanto si el compositor veía la posibilidad teórica como si no, en la práctica logró dos obras de arte coherentes. En *I puritani*, con un libretista inexperto a quien él no podía controlar del todo, y con un ojo puesto en una forma artística desacostumbrada, se cayó a veces en la trampa de la *grand'opéra*, es decir, de lo que Wagner llamaba "efectos sin causas". Y sin embargo es una fiesta de música constelada de escenas efectivas, entre las cuales hay dos o tres de belleza trascendente; la escritura orquestal más brillante y plena que Bellini se tomó tantas molestias en conseguir realza la sensación de profusión de riqueza victoriana; el resultado es estimulante.

A pesar de que tiende hacia el gran estilo francés, *I puritani* era una ópera italiana, vendible por toda Europa. De la producción parisiense Bellini solo ganó, según parece, solo un poco más de lo que había estado ganando en Italia por una ópera nueva; pero mientras la componía iba negociando realizar producciones de la misma en otros lugares, no solo la "versión Malibran" de Nápoles, sino de la versión de París en Milán y en Palermo, y los derechos de publicación en Milán y en Nápoles; todo ello tenía que haberle reportado bonitas sumas; los empresarios de París estaban tratando de alquilar la partitura a otros teatros italianos.

G B RUBINI NELL'OPERA I PURITANI

G. B. Rubini en el papel de Arturo, de *I puritani* (Bibliothèque Nationale, París).

Con la dirección de Nápoles, formada por un grupo de amateurs de clase alta, Bellini negoció por correo desde febrero hasta noviembre de 1834. Finalmente acabó aceptando un trato global que le hubiese supuesto 13.000 francos por cada una de tres óperas nuevas —muy poco más que su último récord, pero como una de las tres era el reciclaje de *I puritani*, todavía podía considerarse a sí mismo como campeón. Revisar *I puritani*, copiarla y mandarla le supuso pasar "quince noches sin dormir" —todo ello, como hemos visto, en vano.

Poco después de enterarse de que la dirección de Nápoles había aprovechado la ocasión para romper el contrato, Bellini encontró que todos los demás tratos también estaban disueltos. Los piratas habían atacado: las direcciones de los teatros italianos y las editoriales ya tenían la partitura —no una mera falsificación, sino una copia auténtica. Solo justo antes de su última enfermedad pudo Bellini descubrir al culpable: el copista principal del Théâtre-Italien, Cesare Pugni, un compositor sin blanca que había huido de sus acreedores milaneses. Bellini le había pagado como copista, le había pasado ropas casi nuevas y lo había recomendado como profesor, e incluso le había dado alguna moneda suelta de cinco francos. "Esto me servirá de lección", escribió, y si no fuera por los seis inocentes niños de Pugni, "me gustaría arruinarlo" (2, 3 de septiembre de 1835).

Bellini no estaba arruinado, pero había perdido ganancias en potencia por valor de varias decenas de miles de francos. Cuando todavía estaba negociando con Nápoles le había dicho a Florimo que, aparte de la suerte de escribir para la Malibran, el dinero era lo que más le preocupaba:

> ahora que ya no necesito hacerme famoso, tengo que pensar, hasta cierto punto, en mis intereses económicos [uno no debe] ser un asno y correr el riesgo de encontrarme sin una independencia digna por si alguna vez se me agota el talento (13 de octubre de 1834).

En la siguiente frase de esta carta anunciaba que le iba a escribir a Giuditta Pasta para desempolvar de nuevo su antigua idea de casarse con su hija Clelia. Una de las maneras de lograr "una independencia digna" —algo en esa época completamente respetable e incluso deseable a los ojos de la clase media— era casarse por dinero. Bellini lo intentó de modo activo durante la mayor parte de su estancia en París. Si lo conseguía, señaló, podría dedicarse a escribir con calma para los teatros de ópera franceses.

Esto no quiere decir que fuera a casarse con cualquiera. El modo como Bellini buscaba esposa ha provocado sarcasmos, en parte porque en el siglo XX no se comprenden las actitudes de épocas pasadas, y en parte

porque los críticos han aceptado como auténtica una carta desagrada-
blemente redactada que es una de las que cocinó Florimo —si no es totalmente falsa, al menos fue alterada y en parte "maquillada"[29]. El propio
Bellini, en una carta auténtica y larga, reconoció que su búsqueda podía
parecer ridícula. No por ello dejó de expresar sus esperanzas:

> Tener para mí solo a una muchacha joven, bonita y bien educada, me
> conducirá a no tener ya más relaciones con mujeres que no son mías, lo
> que me provoca una constante sensación de malestar. En cuanto a mi
> esposa (suponiendo que ella también tenga la tendencia a flirtear), yo
> seré el amo: recibiré a quien me plazca, me la llevaré de viaje si me da
> por ahí, etc., etc.; sin embargo, no creo que me vea forzado a tomar tales
> medidas; yo me conozco, si me caso con una mujer que sea agradable y
> hermosa, y también amable, yo creo que le haré compañía con tanto afec-
> to como sea posible, pues las mujeres, todas sin excepción, se comportan
> mal con sus maridos solo cuando se ven poco atendidas; así que, por el
> momento, me imagino en un estado feliz... (30 de noviembre de 1834).

Esto era sincero. Que una novia fuese idealmente joven, dedicada,
obediente y trajese consigo una dote sólida era la norma establecida. Las
esperanzas de Bellini eran, en todo caso, menos groseras que las de
muchos de sus contemporáneos masculinos, que no habrían excluido
tener aventuras extramaritales.

Las candidatas eran, para empezar, íntimas de su vieja amiga y principal intérprete, Giuditta Pasta. Una de las primeras personas que Bellini
conoció en París era una joven inglesa que la Pasta le había enviado.
Charlotte Hunloke era la hermana de un *baronet*, miembro de una vieja
familia católica de la nobleza de Lancashire que ahora vivía en las afue-

---

[29] Esta "carta" fue publicada por Florimo, *B*, págs. 482–484, como fragmento encabezado
así: "París, sin fecha (1834)." Es sospechosa porque: *a)* Bellini generalmente fechaba sus cartas
a Florimo; *b)* contiene informaciones (sobre *I puritani* y sus negociaciones con la Opéra) que
solo podían haber sido escritas algún tiempo después de acabado enero de 1835; *c)* afirma que
Romani había escrito a Bellini comentando cosas del libreto de *I puritani*, mientras que no hay
nada que indique que Bellini recibiese carta alguna de Romani entre el 4 de octubre de 1834
—cuando el libreto aún no estaba disponible— y abril de 1835, época en la que Bellini todavía
estaba aguardando una respuesta a su carta a Romani del 4 de enero; *d)* lo más importante, la
parte de la carta que trata de sus planes de matrimonio duplica y hace más grosera una parte
del contenido de la carta auténtica de Bellini a Florimo, el 30 de noviembre de 1834. Parece
como si, como mínimo, Florimo hubiera tomado partes de más de una carta de Bellini para
cocinar esta, volviendo a escribir las frases, y hubiera añadido cosas de su propia cosecha. Sus
motivos para esto no quedan claros. Quizás los tratos de Bellini con mujeres activaban su imaginación.

ras mismas de París; ella hablaba italiano y también francés. Cuando la Hunloke tenía alrededor de dieciocho años, la Pasta le había confiado durante un año o dos el cuidado de su hija; la idea era mantener a Clelia alejada del mundo del teatro. En la primavera de 1834, Bellini le hizo proposiciones matrimoniales, pero la Hunloke le dijo que sentía solo estimación y amistad; él tampoco sentía más que eso; su edad (unos veinticinco) significaba que si ella no lo amaba sería demasiado mayor para adaptarse a sus costumbres o a su modo de sentir; su hermano le daría solo 150.000 francos (unos ingresos de 300 libras al año) y "150.000 francos sin amor no son mucho". Él también se sentía repelido por su dentadura (11 de marzo y 30 de noviembre de 1834). Lo cierto es que ella tenía el corazón entregado, obsesivamente entregado —a la Pasta; ella sentía por la cantante una "idolatría" (como dijo ella misma) que duraría toda la vida, e incluso después de la muerte de Bellini (que le había dado un rizo de sus cabellos), apenas sabía escribir más que acerca de su devoción por la Pasta.

En octubre de 1834, Bellini "resucitó" su interés por Clelia Pasta. La respuesta de su padre fue "muy cortés pero gélida". Bellini pensó más tarde que los padres podían sentirse influidos por su simpatía por Giuditta Turina (30 de noviembre de 1834, 13 de agosto de 1835). No se daba cuenta de lo decidida que estaba Giuditta Pasta a que Clelia no tuviese ninguna relación con gente del teatro. Las dos Pasta habían subido a la escena para reparar la fortuna de "buenas" familias que lo habían perdido casi todo en las guerras napoleónicas. Si se habían mostrado receptivas al interés de Bellini tres años antes —y él probablemente las interpretó mal— fue sin duda porque él, como la propia Pasta, confiaba en reunir mucho dinero y retirarse pronto. Los Pasta se apresuraron ahora a casar a Clelia con un primo.

Una vez disipadas esas dos posibilidades, la esposa de su rico amigo el barón Sellieyre le propuso una muchacha de dieciocho años que obtendría 200.000 francos y que desde luego hablaba italiano —era hija del exitoso pintor Horace Vernet, director de la Escuela Francesa de Roma. Fue esta propuesta la que hizo a Bellini "imaginar un estado feliz", pero cuando conoció a la muchacha resultó que era "demasiado vivaz" y demasiado decidida a salirse siempre con la suya; unos meses más tarde se casó con otro.

Todavía quedaba la sobrina del barón Sellieyre, "bastante bonita, de carácter dulce, de buena familia... muy religiosa y de buenos principios, y muy bien educada". Bellini tuvo la confianza suficiente para escribir acerca de ella a su familia de Catania; esto significa que lo tomaba en serio. El problema era que ella tenía poco dinero, porque él no quería

BELLINI.

Retrato tardío de Bellini, de Julien (Bibliothèque Nationale, París).

casarse con nadie que tuviera menos de 200.000 francos: la renta resultante de 10.000 francos (400 libras) al año y una buena esposa lo convertirían en "independiente de todo el mundo y de todo". ¿No podría su tío darle una dote? (30 de noviembre de 1834, 1 de abril y 18 de julio de 1835).

Esto es lo último que sabemos acerca de los planes de Bellini. Él mismo reconoció que se lo pensaba dos veces lo de casarse, y que tendía a perder interés en ello en cuanto la posibilidad se acercaba. Podemos imaginar en él una identidad sexual incierta, o un choque entre su esperanza convencional de tener a una esposa joven, inexperta, y su necesidad de una figura semimaternal y dispuesta. De todos modos, su persistencia nos sugiere que si hubiese vivido más se habría casado, del mismo modo como probablemente hubiese escrito una ópera francesa. Lo que habría ocurrido en ambos casos no lo sabemos.

A principios de junio de 1834 sufrió de lo que él pensaba que podía ser fiebre gástrica, pero pronto estuvo bien otra vez. No hay señales de una recaída a principios del verano de 1835. Fue entonces cuando tuvo lugar un conocido episodio en el salón de Mme. Jaubert. Heine molestó a Bellini diciendo que los genios se suponía que morían jóvenes, especialmente entre los treinta y los treinta y cinco años, de modo que estaba en peligro; Bellini se turbó e hizo el gesto italiano para combatir el mal de ojo (señalando con el índice y el meñique extendidos). Heine, a quien le disgustaba el tono rosado y el esplendor físico de Bellini, estaba favoreciendo sus modos "satánicos"; cualquier italiano del sur hubiese respondido como lo hizo Bellini. El 24 de julio Bellini escribió que su salud era excelente; sin embargo, estaba preocupado por el brote de cólera en Provenza y en la Riviera, que podía extenderse por el resto de Francia y de Italia. No fue hasta el 2 de septiembre que escribió: "Me he visto ligeramente incomodado durante tres días por una diarrea." Su última carta conocida está fechada al día siguiente. El 11 de septiembre le contó a un visitante que estaba sufriendo "una disentería ligera", pero esperaba recobrarse pronto. Murió menos de una quincena más tarde, el 23 de septiembre, a las cinco de la tarde.

Sabemos de qué murió: el informe de la autopsia describió los síntomas con todo detalle, aunque la infección por amebas no se entendía entonces como enfermedad específica. Se había formado un absceso en su hígado, del tamaño de un puño, que podía haber reventado pronto; lo que lo mató, sin embargo, fueron otras consecuencias de la amebiasis —la pérdida de sangre a través de una ulceración múltiple del intestino grande, y la pérdida de agua a causa de la disentería.

Esto aparte, todo lo que sabemos de su última enfermedad proviene de dos fuentes: breves notas de un médico italiano, el Dr. Luigi Montalle-

Grabado napolitano que conmemora la muerte de Bellini, en 1835
(Civica Raccolta Stampe, Milán).

gri, que trató a Bellini del 9 al 10 de septiembre, y extractos de un diario de un joven amigo, Auguste Aymé —el visitante que lo vio en Puteaux el 11 de septiembre, que trató en vano de verlo los días 12 y 13, y que el 23 por la tarde, entró en la casa y encontró a Bellini muerto.

Se han escrito muchas tonterías acerca de esas dos fuentes. Era la temporada de vacaciones, cuando muchas de las personas acomodadas estaban lejos de París; entre ellos, sin duda, muchos de los médicos de moda. Montallegri era un ex médico del ejército con experiencia; su remedio —sangrarlo— era ortodoxo pero inútil; él vio a Bellini cada día de los cuatro últimos de su vida y el 23 se proponía pasar el día y la noche con él. Es ocioso suponer que un médico más eminente hubiese podido hacerlo mejor.

Auguste Aymé, acerca de quien se trata con más detalle en el Apéndice, era un hombre de diecinueve años de la ciudad, sobrino del aristócrata napolitano Michele Carafa (un compositor que se había establecido en París y escribía para la Opéra-Comique). Contrariamente a lo que muchos biógrafos han escrito, Aymé no tenía ningún cargo oficial. Sus fragmentos de diario parecen plausibles, pero solo podemos aceptarlos confiando en que sean ciertos. Según él, la señora de la casa —Mme. Levy o Mlle. Olivier— entró mientras él estaba visitando a Bellini el día 11, y se quejó "fuertemente" de que el enfermo necesitaba reposo absoluto; Aymé entendió la indirecta y se fue. En días sucesivos, el jardinero le impidió el acceso a él y al compositor Mercadante, diciendo que nadie podía entrar. Carafa logró entrar el día 14 fingiendo ser un médico, y encontró a Bellini en un estado de gran agitación. El día 22, los amigos de Bellini del mundo de la ópera estaban alarmados ante esa cuarentena y hablaban de hacer intervenir a un magistrado. El día 23 por la mañana temprano, Aymé fue echado de nuevo; cuando volvió por la tarde bajo un fuerte chubasco, empujó la verja y encontró la casa temporalmente vacía salvo por el cadáver de Bellini; el jardinero, que había salido para avisar gente y comprar velas, le dijo que los Levy habían partido hacia París, pero no dijo cuándo.

Los Levy y Montallegri probablemente temían que Bellini tuviese el cólera. Ya hemos visto que había una epidemia que amenazaba extenderse desde el sur. Se sabía que la enfermedad era contagiosa, aunque no cómo se producía el contagio. Encontrarse entre las manos el primer caso de cólera de la región sería complicado; parecía razonable aislar al paciente, confiar en que ocurriera lo mejor, y hablar lo menos posible. En todo caso, esto parece una explicación razonable.

En cuanto a lo de que los Levy huyeran (quizás después de que el paciente hubiese perdido el conocimiento), hay que tener en cuenta que Bellini había escogido vivir con gente un poco rara que vivía en el margen del mundo de la ópera. Eran, como él dijo, amables, sin duda eran divertidos, y si Mlle. Olivier era una amante ocasional que no "creaba problemas", siempre le dieron satisfacción. Que se asustaran cuando se produjo la crisis era consecuencia de todo esto.

Aunque muy atento a su "independencia", Bellini se mantuvo fiel hasta el final al mundo del teatro lírico en el que había crecido, y casi por entero fiel a sus ideales. Esos ideales eran la claridad, la gracia y la austera expresión del sentimiento a través de la palabra puesta en música. Estaban arraigados en una cultura musical prerrevolucionaria, ajena en su inocencia a los grandes temas decimonónicos de la Historia, la Libertad, la Naturaleza y el Pueblo. Solo en *I puritani* Bellini intentó usar estos temas, pero incluso en esta ópera los ahogó por completo en música.

En sus obras más maduras, su don de crear melodías originales, distinguidas e inolvidables —un don muy raro de obtener— estuvo acompañado de una intensificación de la sonoridad y de un sentimiento sobrecogedor que sus predecesores de fines del siglo XVIII ni siquiera habían soñado. No podemos decir cómo se habría desarrollado su música si hubiese vivido una vida entera. Pero tal como fue, lo que consiguió fue único, y es suficiente.

Una historia detectivesca: el rentista, la mujer mantenida y el joven que paseaba por la ciudad

Sɪ queremos entender cómo vivió y murió Bellini en su última fase en París, tenemos que conocer las identidades de tres personas:

1. El judío inglés S. Levy, su amigo y vecino cercano en el bulevar, y en cuya casa de Puteaux murió Bellini después de haber pasado en ella (o planeado pasar) unos cinco meses de cada año (desde alguna fecha anterior al 26 de mayo de 1834 a fines de octubre de 1834, y desde el 11 de mayo de 1835 hasta su muerte, el 23 de septiembre de 1835); a veces se le cita como Lewis, a veces escrito Levis, Levys o Lewys.

2. La "esposa" de Levy, a quien se suele llamar Sra. Levy, pero es casi seguro que no era su esposa legítima; conocida como Mlle. Olivier por

3. Auguste Aymé, un amigo joven de Bellini, nuestro único testigo de los días de la muerte del compositor (aparte del Dr. Montallegri, cuyo testimonio es estrictamente médico).

Descubrir lo que ocurrió requiere algo así como un trabajo de detective. Empecemos primero por la última de estas personas.

I. AUGUSTE AYMÉ

Las entradas o anotaciones de su diario entre el 11 y el 23 de septiembre, que él mismo transcribió en 1880 y comunicó a Francesco Florimo, quien las publicó)[30],

---

[30] Extractos originales y texto de la carta del 13 de febrero de 1830, MB, extractos (sin alterar) y carta (ligeramente alterada y sin fecha) impresa en Florimo, B, págs. 61–63. Este apéndice sigue a mi artículo "Vita e morte di Bellini a Parigi", *Rivista Italiana di Musicologia*, 19, 1984, págs. 261–276; desde entonces he podido hacer investigaciones más exhaustivas; esto me ha dado nueva información y, en parte, conclusiones diferentes.

son la fuente crucial para saber que los amigos de Bellini fueron mantenidos apartados de la casa donde él yacía enfermo y moribundo, y para conocer la conducta aparentemente extraña de los Levy. Todos los biógrafos de Bellini a partir de 1935 llaman a Aymé Barón Aymé d'Aquino, "plenipotenciario" (a veces "agregado") en la legación del Reino de las Dos Sicilias en París; algunos han escrito con indignación por el hecho de que a un personaje tan importante le fuera negado el acceso a la casa. ¿Quién era?

En 1835 no era ni barón ni d'Aquino, ni era tampoco todavía un diplomático; cuando se convirtió en tal, fue (como Florimo indicó) al servicio de Francia (lo de considerarlo como representante del reino de las Dos Sicilias fue un error de Francesco Pastura en su edición de 1935 de las cartas de Bellini[31], error que siguieron los biógrafos que escribieron más tarde).

Auguste-Louis-Victor Aymé, nacido el 25 de abril de 1816, era el hijo del teniente-general Charles-Jean-Louis Aymé, un francés, un barón del Imperio cuya carrera había sobrevivido a la Restauración, y un terrateniente cerca de Melle, en el departamento de Deux-Sèvres, y de una noble napolitana, hermana del compositor Michele Carafa. Carafa había sido también oficial en el ejército de Napoleón y en 1806 se había trasladado con su familia a París; en 1835 todavía vivía allí y se hallaba en activo como compositor, principalmente de *opéra-comique*. El joven Aymé no ingresó en el servicio diplomático francés, y solo como agregado sin sueldo, hasta noviembre de 1836[32]. No fue creado barón (con el apellido adicional d'Aquino) hasta 1845[33]. En la época de la muerte de Bellini, en septiembre de 1835, por lo tanto, era simplemente un hombre que vivía en la ciudad, con 19 años y sin título alguno.

Las anotaciones de su diario muestran que estaba en contacto con su tío Carafa y con otras personas del mundo de la ópera, así como con Bellini. Es razonable suponer que él tenía ya *entrées* (derecho de entrada) en el salón verde de las bailarinas en la Opéra (en el *foyer* de la danza), un punto de encuentro bien conocido para las bailarinas y sus admiradores: en 1854, cuando por alguna razón que desconocemos le fueron retiradas las *entrées*, sabemos que ya hacía tiempo que las tenía[34]. Podemos suponer también que conocía la zona posterior del escenario del Théâtre-Italien y de la Opéra-Comique. Pero no tenía ningún cargo que pudiera impresionar a los Levy o a sus criados.

La carrera diplomática posterior de Aymé fue mediocre. Le costó más de tres años y varias instancias que lo nombraran agregado con sueldo y siete años y medio más (y más instancias) para llegar a *aspirant diplomatique*. La amistad de su familia con la reina María Amelia (la esposa napolitana del rey Luis Felipe de

---

[31] F. Pastura (ed.), *Le lettere di Bellini*, Catania, 1935, pág. 178.

[32] Toda la información sobre la carrera diplomática de Aymé está basada en su ficha de los Archives du Ministère des Affaires Étrangères, París, Agents, Personnel série I, vol. XII.

[33] C. d'Hozier y M. Bachelin-Deflorenne, *État présent de la noblesse française*, 5.ª ed., París, 1884.

[34] AN París AJ13 462/I. Por lo que respecta al foyer de la danza, L. Véron, *Mémoires d'un bourgeois de Paris*, París 1853–55, III, cap. 5.

Orleans) no parece haber servido de mucho, pero sus conexiones napolitanas dieron su fruto cuando Luis-Napoleón lo nombró segundo secretario en 1850, y primer secretario en 1854. En estos grados sirvió en varias capitales europeas (Nápoles, Hanóver, Hamburgo, Berna, Lisboa, Turín, San Petersburgo), con intervalos en París. No lo nombraron jefe de misión (en Tánger) hasta 1864. Después de la caída de Napoleón III le fue concedido permiso indefinido en 1871 y fue jubilado con una pensión en 1876. Vivía entonces en Nápoles, donde murió el 31 de enero de 1889, dejando una viuda.

La misma mediocridad de Aymé y el hecho de que no hiciera nada para explotar el mito belliniano aparte de transmitir las anotaciones de su diario a Florimo, hacen pensar que dichas anotaciones son fiables. De todos modos, dependemos totalmente de su palabra: el paradero de su diario es desconocido y no parece haber tenido descendientes. En lo que valen, esas anotaciones no tienen aspecto de ser falsificadas mucho después de los hechos; parecen espontáneas.

II. S. LEVY

Así es como firmó personalmente en una carta (que está en el Museo Belliniano) que dirigió al padre de Bellini después de la muerte del compositor: en ella describió a Bellini como "su querido amigo y hermano" y como "parte de mi familia"[35]. El adorno que hay al final de su firma podría leerse como una "s", con lo que su nombre entero sería S. Levys. Bellini y Rossini lo conocían ambos y escribieron su apellido Levy en aquellas cartas cuyos originales podemos comprobar. El hombre en cuestión, de quien se vendieron dos cartas de negocios en Sotheby's el 1 de diciembre de 1995 (como parte de un conjunto de papeles relativos al funeral de Bellini), firmó una de ellas claramente "S. Levy"; en la otra aparece el conocido y ambiguo adorno.

¿Qué representaba esa "S" inicial? Las biografías modernas dicen Samuel. Este nombre se originó en el catálogo de 1935 del Museo Belliniano[36], que, sin embargo, usa la grafía Lewys para su apellido (que ciertamente no es lo que aparece en la carta) y no incluye ninguna otra carta suya: en ese catálogo hay otros muchos nombres mal escritos. A falta de pruebas documentales, tenemos que aceptar que "S." no tiene por qué significar Samuel.

En cuanto a "Lewis" y sus variantes, Levy a veces fue mencionado con ese nombre, por ejemplo, en 1835, por el amigo de Bellini Pietro Ponzani, un abogado y miembro del círculo de Giuditta Pasta, que lo había conocido en Milán; en este momento Levy/Lewis todavía le debía a Ponzani una pequeña cantidad

---

[35] S. Levy a Rosario Bellini, 15 de diciembre de 1835, MB, publicado en BSLS, págs. 539–540 (que, sin embargo, no reproduce los errores de Levy en francés y en italiano: escribió "Capucins" por "Capucines" y "la sua mallatia è stato" por "la sua malattia è stata").

[36] B. Condorelli, *Il Museo Belliniano*, Catania, 1935.

—160 francos[37]. Puede haber dos explicaciones de esto: como algunos otros judíos ingleses, habría adoptado el nombre Lewis[38]; o había tenido algo que ver con alguien llamado Lewis. Dado que la gente que lo conocía bien lo llamaba Levy, este parece el apellido más probable; en Milán podía haber tenido alguna conexión con la soprano inglesa Marianna Lewis, que estuvo en Italia por lo menos entre 1827 y 1831. Marianna había estudiado con la Pasta en París y continuó estudiando con Banderali en Milán; cantó en la temporada de Carnaval de 1828 en La Scala, y en el San Carlo de Nápoles en 1831, y tuvo un contrato que abortó en Venecia entre las dos fechas, pero parece no haber tenido mucho éxito; Bellini en 1831 creía que ella era "menos que mediocre" y no quería tenerla en sus óperas[39]. Después de la última fecha ya no se sabe nada más de ella. La conexión de Levy con Marianna —como pariente o como amante— es hipotética. La estancia de él en Milán no lo es: le habría permitido en todo caso conocer a Bellini (quien estaba establecido en Milán entre abril de 1827 y diciembre de 1832) en el círculo de la Pasta.

Estamos buscando, por lo tanto, a un judío inglés llamado S. Levy, a veces conocido por Lewis, que vivía en París en 1834–1835, pero que realizó un corto viaje a Londres en la primavera de 1835[40], que había sido conocido en los círculos operísticos de Milán no mucho antes; que hablaba y escribía en italiano pero no del todo correctamente; que estaba en buena posición; que alquiló un piso lujoso en el número 9 del Boulevard des Capucines[41], así como una casa más bien grande en el 19 bis de la Rampe du Pont de Neuilly, en Puteaux; que tenía un palco en la ópera italiana y que conocía a Rossini[42] y cuya "esposa" era conocida por Aymé con el nombre de Mlle. Olivier.

Además de esto, sabemos que invirtió por cuenta de Bellini casi 30.000 francos en bonos españoles —una inversión muy arriesgada a causa de la guerra civil que entonces se estaba librando—, así como 10.000 francos invertidos de un modo más conservador con un 5% de interés. Pero de esto no hay que deducir —como lo han hecho algunos— que Levy fuera banquero: para invertir el dinero solo tenía que ir a uno de los muchos corredores de bolsa de París, oficiales o no oficiales. ¿Por qué Bellini no fue a ver a un corredor él mismo? Probablemente porque el mundo financiero parisiense le era extraño. La alarma de Bellini cuando los bonos españoles perdieron la mitad de su valor no recae en Levy, sino en la ambición especuladora que había compartido con mucha gente en París (uno de los temas principales del argumento de *El conde de Montecristo* de Dumas,

---

[37] Bellini a Ponzani, 30 de mayo de 1835, *E*, págs. 558–559; Ponzani a Bellini, II, 18 de junio, 28 de julio de 1835, en BSLS, págs. 480–481, 487 y 504.

[38] Adoptado por ejemplo por David Levy para el almacén de Liverpool que fundó, Lewis's, y por el conocido abogado criminalista J. G. Lewis (cuya familia era originalmente Loew).

[39] *E*, pág. 283.

[40] Bellini a Ponzani (véase nota 37).

[41] Descripción de los pisos en esta dirección, en una inspección municipal de 1852, en los Archives de la Ville, París, DP4.

[42] *E*, pág. 500.

publicada nueve años después de la muerte de Bellini). En todo caso, la conducta de Levy fue intachable: inmediatamente después de la muerte de Bellini pagó a sus herederos los 10.000 francos, con intereses, y un poco más tarde 22.577,50 francos por los bonos españoles, que se habían recuperado un poco[43].

Eso es todo lo que hay. A primera vista, buscar a un S. Levy parece una empresa tan imposible como buscar a un J. Smith. Su riqueza, sin embargo, excluye a los muchos que se llamaban S. Levy en los documentos contemporáneos sobre judíos de Londres y en las guías por calles en que aparecen pequeños comerciantes y artesanos. Por lo tanto, podemos concentrarnos en las genealogías de un puñado de familias muy acomodadas. Una búsqueda exhaustiva de las genealogías disponibles nos proporciona solo una persona que cuadra con esas circunstancias: no podemos demostrar que sea ese hombre, pero podemos estar razonablemente seguros de ello[44].

Se trata de Solomon Levy, "de Stoke Newington y París", segundo hijo de Michael Abraham Levy, "caballero" y hermano más joven de Abraham Levy, un comerciante enriquecido; tanto su padre como su hermano eran socios de Moses, Levy & Co. El asunto crucial en esta familia es que su negocio —que databa al menos de 1810— era el comercio al por mayor de ropas en el este de Londres; vendían piezas de ropa ya hecha, no a medida.

En los primeros años del siglo XIX, cualquiera que tuviera alguna pretensión se hacía hacer la ropa a medida. El negocio de la ropa hecha era un comercio barato que se basaba en repartir trabajo entre muchos talleres de trabajo a destajo y a particulares, escandalosamente mal pagados, que trabajaban en sus casas; el negocio florecía con el aumento de población y por la gran cantidad de personas que no podían permitirse más que un traje. El negocio se llevaba a cabo primeramente en el 21 de Nightingale Lane; más tarde, lo más tarde de 1826 en adelante, en los números 2 y 3 de Aldgate. A partir de 1879, Moses, Levy & Co. aparecen como "comerciantes" con dirección en el 6 de Fenchurch Street, más cerca del corazón de la City; los locales de Aldgate estaban en esta época ocupadas por un vendedor de ropas militares.

Vender ropas baratas al por mayor desde un almacén de Aldgate podía hacerle a uno rico. El padre de Solomon, el "caballero" que murió en 1828, vivía cerca de la tienda, en la Little Alie Street, pero su hijo mayor, Abraham, "estaba confortablemente instalado" en Finsbury Square, que entonces estaba en un buen barrio residencial. Abraham, que tenía sesenta y seis años cuando murió en 1848,

---

[43] *E*, págs. 422, 444, 541 y 602; Rosario Bellini a Rossini, 26 de octubre de 1835, 14 de febrero de 1836, MB.

[44] Lo que sigue está basado en una búsqueda a través de genealogías manuscritas en los papeles de Lucien Wolf, Mocatta Library, University College, Londres, y las muchas genealogías y linajes judíos en las colecciones Colyer-Fergusson y Hyamson, en la Society of Genealogists, Londres, así como en los registros oficiales de Londres, los ya publicados *Bevis Marks Records*, *London Post Office Directories* de 1808 a 1887, el *City of London Pollbook*, 1836; los *Pigot's London and Provincial Commercial Directories*, 1826–1827 y 1832–1833–1834, así como el *City of London Directory*, 1879.

había nacido en 1781 o 1782. Aunque desconocemos las fechas de Solomon, podemos suponer que nació un poco más tarde, en los últimos años de la década de 1780. Esto supondría que en 1834–1835, cuando él y Bellini pasaron mucho tiempo juntos, debía de tener entre cuarenta y cinco y cincuenta años —entre doce y diecisiete años más que el compositor.

Solomon estaba casado con Kitty Joseph; su hija Sarah se casó con un tal Picard, quizás un judío francés o suizo (varios Picards trabajaban en el mundo operístico de París, pero no se sabe lo suficiente de ninguno de ellos como para identificarlo como yerno de Solomon)[45]. Stoke Newington, donde Solomon vivió, según parece, durante una parte del tiempo, en los años 1830 era un suburbio "eminentemente respetable" con "numerosas residencias hermosas y aisladas"[46]. Podemos suponer que Kitty o murió joven o se quedó como si fuera viuda, en Stoke Newington, mientras Levy se divertía en el continente europeo. No hay trazas de que trabajara en nada. Probablemente era un rentista o recibía giros, viviendo del negocio de ropas al por mayor que tenía en casa[47].

III. MLLE. OLIVIER

Que "la Sra. Levy" era la amante de Levy, y no su esposa, nos lo demuestran dos pruebas. Aymé, después de encontrarla en la habitación de enfermo de Bellini, escribió: "Mme. Lewis, a quien yo conocía bajo el nombre de Mlle. Olivier..." Esto podría ser interpretado como una mención de una mujer burguesa corriente, si no fuera por la segunda prueba. Giuditta Turina, después de la muerte de Bellini, temía que algunas joyas que ella había dado a su antiguo amante pudieran caer en las manos de "esa horrible mujer mantenida"[48]. Es difícil que pudiera haberse referido a otra persona que no fuera la señora de la casa donde Bellini murió. ¿Cómo lo sabía Giuditta? O bien Bellini, que todavía le mandaba cartas (que ella

---

[45] Se consigna un matrimonio judío en la colección Colyer-Fergusson entre Eugène Picard, de Ginebra, y Jeannette, hija de Laurence Levy (19 de enero de 1859). Esto parece ser una conexión Picard-Levy por separado.

[46] El *Pigot's London and Provincial Commercial Directory* de 1832–1833–1834, incluye en Stoke Newington, entre "gentry and clergy", a un tal Mr. Lewis, pero el *Post Office Directory of the Six Home Counties* de 1874 muestra, en la misma dirección, a un James Dudley Lewis, probablemente un gentil. El directorio de 1832–1833–1834 incluía a un Rothschild, pero ningún Levy. Quizás el hermano menor de un vendedor al por mayor de ropa hecha no se consideraba afín a la pequeña nobleza.

[47] Una entrada en los linajes judíos de la Society of Genealogists (JD9.23) cita a un Solomon Levy, nacido en 1785, casado con Arabella Joseph (hija de Lyon Joseph), fallecido en Bristol en 1841, sin más detalles. Los nombres judíos eran poco frecuentes, de modo que esta puede haber sido una pareja distinta.

[48] Giuditta Turina a Francesco Florimo, 18 de enero de 1836, BSLS, págs. 703–704. El escritor y exiliado político Niccolò Tommaseo describió a Mme. Levy como "esposa o amante *[amica]*" añadiendo que Bellini era su amante *[amico]*, pero como también transmitía rumores falsos, su testimonio tiene menos peso: a Gino Capponi, 12/15 de octubre de 1835, en Tommaseo y Caponi, *Carteggio inedito*, ed. I. del Lungo y P. Prunas, Bolonia, 1911–1932, I, págs. 312–315.

probablemente destruyó) se lo había dicho; o se lo dijo a Florimo, que estaba en contacto con Giuditta y le pasó la información.

Mlle. Olivier es muy probable que fuese una persona del mundo de la ópera. El lugar más lógico para que un hombre joven con los contactos que tenía Aymé la conociera era el salón verde de la Opéra. Era también un lugar lógico para que Levy la conociera al volver de Milán.

¿Era una cantante o una bailarina? Si hubiese sido una cantante de alguna calidad, podríamos esperar que Bellini la hubiese mencionado en las cartas que nos han llegado (en donde él la menciona de vez en cuando, neutralmente, y solo para comentar el buen corazón de ella y de Levy). Sin embargo, podía haber sido una de las muchas que hacían carrera por su físico, gracia y voz modesta; a Bellini le interesaban poco. Las bailarinas, especialmente las que pertenecían al cuerpo de baile de la Opéra, eran bien conocidas como aprendizas de cortesanas. El foyer de la danza era donde conocían a hombres ricos, ministros, embajadores, nobles y príncipes de sangre. Según el director de la Opéra en 1830–1835, sus madres "las inician muy pronto en todos los recursos de la coquetería y... les enseñan solo el arte de ser hermosas y dar placer"; con cierta frecuencia una de ellas se marchaba de la compañía para ir a vivir rodeada de lujo con un nuevo protector[49].

Buscaremos a todas las Mlles. Olivier de la época en la profesión teatral. Esto puede hacerse a través de la prensa teatral y los archivos de la Opéra[50]. Es un trabajo largo, que se hace más difícil por la costumbre de la época de mencionar en los carteles a las intérpretes como "Mme." o "Mlle." sin el nombre de pila y por el número de personas del mundo teatral que se llamaban Olivier; el apellido es bastante corriente, pero puede haber sido popular también como nombre artístico. Por otra parte, la prensa a veces daba la dirección de sus domicilios, lo que facilita su localización.

Las siguientes son las candidatas potenciales entre las cantantes:

1. *Mlle. Olivier*, actriz que estaba en ascenso (y tal vez era cantante) en el Ambigu-Comique, 1821–1827, hasta que el fuego destruyó ese teatro; estuvo en la Gaîté, 1829; no aparece después de esta fecha.

2. *Jenny [Caroline] Olivier*, cantante-actriz del Vaudeville, 1829; en el Théâtre de la Banlieue, 1829 (actriz principal de esta compañía oficial suburbana que ofrecía opéra-comique y *vaudeville*). Luego en San Petersburgo, 1831–1834 (amante del viejo embajador francés Mariscal Maison, así como cantante de *vaudevilles*); en París en el Variétés, 1837, amante de Heinrich Heine, 1838, intentó entrar en la Opéra-Comique; en Nápoles, 1839, cantó

---

[49] Véron, *Mémoires d'un bourgeois de Paris*, III, cap. 5.
[50] Los archivos de la Opéra en AN AJ13 y en la Bibliothèque de l'Opéra, París, y el *Almanach des spectacles parisiens* son las fuentes principales; también la *Gazette des théâtres* y el *Courrier des théâtres*, de París, y H. Lyonnet (ed.), *Dictionnaire des comédiens français*, Ginebra [ca. 1912].

La sonnambula, Teatro del Fondo, fracasó en el dueto de *I puritani* en el San Carlo[51].

3. *Mlle. Olivier*, en la Opéra-Comique, 1829 (soprano del coro), 1835 (pequeño papel); quizás pueda identificarse como *Césarine Olivier*, ex alumna del conservatorio, nacida hacia 1803, que en 1837 cantó a la vez en la Opéra-Comique y en San Petersburgo; cantó en Nîmes y en Montpellier, 1845–1848.

4. *Adèle Olivier* y quizás otra *Mlle. Olivier* que cantó en el sureste de Francia (Montpellier, Nîmes, Toulouse, Burdeos, Bayona), 1826–1837.

5. *Mme. Olivier* y *Mme. Olivier jeune*, que cantaron en el norte y el este de Francia y en Bélgica (Namur, Tournay, Nancy, etc.), 1829–1837.

6. *Phrosine (Euphrosine) Olivier*, miembro extra del coro en la Opéra en 1819; pidió aumento de sueldo y, al serle denegado, se dio de baja; cantante de segundo reparto en el Théâtre de la Banlieue, segundo equipo, 1826–1829; estuvo en San Petersburgo, 1835–1837, 1843–1846 (papeles secundarios en vaudevilles; el segundo director se llamaba Afred Olivier)[52].

La última de estas cantantes, Euphrosine, tenía un hermano y una hermana que estaban ambos en el cuerpo de ballet de la Opéra. El hermano bailó de 1823 a 1829, y en 1831 se convirtió en ujier (*indicateur*, más tarde *placeur*) del teatro; en 1838 todavía ocupaba este cargo. La hermana era

7. *Honorine Olivier*, que tenía diez años en 1819 cuando Euphrosine la hizo entrar en el cuerpo de ballet infantil en la Opéra; entró en el cuerpo de ballet adulto el 1 de enero de 1824; su madre la hizo retirar de marzo de 1824 a marzo de 1825 a causa de la pubertad y su rápido crecimiento; cuando volvió, fue descrita por el director de escena y por el director como una buena bailarina y una "mujer alta y hermosa"; fue destituida en 1828, por una falta cometida sin especificar, pero se le permitió volver, primero como temporera y después permanentemente; todavía estaba en el cuerpo de ballet cuando se fue con permiso del 2 de mayo al 22 de agosto de 1833, y después renunció a su cargo el 22 de octubre de 1833.

---

[51] Por lo que se refiere a sus actividades en San Petersburgo y en Nápoles, *Aus Ferdinand Hillers Briefwechsel (1826–1861)*, ed. R. Seitz, Colonia, Festgabe zum 7. Kongress der internationalen Gesellschaft für Musikwissenschaft, 1958, pág. 37; en cuanto a su asunto con Heine, G. Meyerbeer, *Briefwechsel und Tagebücher*, ed. H. y G. Becker, Berlín, 1960, III, pág. 675.

[52] Documentación sobre Euphrosine Olivier se encuentra en AN París AJ13 128; sobre su hermano y su hermana Honorine (véase más abajo), en AJ13 116/III, 120/II, 121, y en la Bibliothèque de l'Opéra, PE3, PE26.

De nuestras siete candidatas, la número 1 estuvo demasiado pronto; las cantantes provincianas (números 4 y 5) estaban fuera del ámbito; las números 3 y 6, Césarine y Euphrosine, tienen posibilidades, pero Césarine probablemente era demasiado vieja en términos del siglo XIX, y Euphrosine era una artista menor, limitada a teatros poco elegantes y es improbable que estuviera en situación adecuada. Las únicas cuyas carreras y fechas se ajustan bien son la número 2, Jenny, y la número 7, Honorine.

No hay manera segura de identificar a una u otra como Mme. Levy. Si se trataba de Jenny, Bellini habría tenido como dueña de la casa (y tal vez como amante ocasional) a una mujer experta que unos años más tarde estuvo viviendo con Heine —después de los pérfidos comentarios de Heine sobre Bellini en sus escritos, de modo que esto no debe atribuirse a celos. Hiller, por otro lado, escribió en 1839 una carta sobre el asunto de Jenny con el embajador francés en San Petersburgo, pero no dijo nada de relación alguna con Bellini, aunque el motivo de haberla mencionado era el de dar a conocer su fracaso cantando música de Bellini. Ella procedía del mundo exclusivamente francés de la *opéra-comique* y el *vaudeville*, en el que se habían atrevido a entrar unos pocos compositores italianos (Paër y Carafa). Bellini también llevó a cabo negociaciones que no prosperaron con la Opéra-Comique, pero la presencia de esos italianos que lo habían precedido hace que sea innecesario imaginar una conexión a través de Mlle. Olivier.

Honorine, por el otro lado, procedía del mundo de la Opéra, donde Rossini y otros italianos anteriores habían alcanzado grandes éxitos; Bellini también tenía puesta su mirada en este teatro. Su belleza y su correcta ortografía —en contraste con la escritura semianalfabeta de su madre y de su hermana— sugieren los atributos y la educación de una aprendiza de cortesana. La falta no especificada por la que fue despedida en 1828 no nos dice nada (podía ser, bajo el régimen más estricto de la Restauración, que tuviera algo que ver con su conducta sexual, pero igualmente podía haber sido simplemente la falta corriente de haber fingido una enfermedad y haber bailado en otro teatro). Las fechas de su permiso y de su renuncia en 1833 casan bien con el retorno de Levy de Milán por aquel tiempo o algo antes, y tal vez con una gravidez, seguida de su nueva posición como "esposa" suya. Aymé, que la conoció cuando todavía bailaba como Mlle. Olivier, habría tenido dieciséis años o como mucho diecisiete —la edad mínima para haber frecuentado el salón verde. Ella misma tenía entre veinticuatro y veintiséis años en 1834–1835. La edad de Jenny se desconoce, pero dado que debutó como cantante en 1829, probablemente se llevaba un año o dos con Honorine.

Un día tal vez haya nuevas pruebas que nos den una respuesta clara. No importa mucho. Tanto si fue Jenny como si fue Honorine, la joven Mlle. Olivier había dejado, tal vez temporalmente, el teatro por lo que más tarde fue conocido como un "papaíto".

ABREVIATURAS

AN París   Archives Nationales, París.

BSLS   Pastura, *Bellini secondo la storia*, Parma, 1959.

E   V. Bellini, *Epistolario*, ed. Luisa Cambi, Milán, 1943.

Florimo, *B*   F. Florimo, *Bellini. Memorie e lettere*, Florencia, 1882.

MB   Museo Belliniano, Catania.

Bibliografía y Discografía

LAS fuentes principales para conocer la vida de Bellini son sus cartas. En la Introducción se exponen las dificultades que plantea su uso. Aparecen cartas de Bellini nuevas de vez en cuando en alguna subasta, y a veces se ve que el texto publicado es corrupto.

La colección fundamental (que también cita numerosas críticas contemporáneas de sus óperas) es: V. Bellini, *Epistolario*, ed. L. Cambi, Milán, 1943. Cambi publicaba las cosas con cuidado y se daba cuenta de que algunos textos eran sospechosos, pero no fue más allá de excluir las falsificaciones más descaradas. Otras cartas aparecieron en F. Pastura, *Bellini secondo la storia*, Parma, 1959, una biografía masiva que de modo parecido explotaba las leyendas más grotescas sin tomar una actitud clara ante el restante material dudoso; las transcripciones de Pastura no son siempre del todo precisas. Hay grupos menores de cartas en F. Walker (ed.), "Giuditta Turina and Bellini", *Music and Letters*, 40, 1959, páginas 19–34, y "Lettere disperse e inedite di Vincenzo Bellini", *Rivista del Comune di Catania*, 8, 1960, págs. 106–118; L. Cambi (ed.), "Un pacchetto di autografi", en *Studi in onore di Luigi Ronga,* Milán, 1973, págs. 53–90; F. Lippmann (ed.), "Belliniana", en *Il melodramma italiano del Ottocento. Studi e ricerche per Massimo Mila*, Turín, 1977. Todas estas (pero ninguna nueva) están agrupadas en C. Neri (ed.), *Le lettere di Bellini*, Catania, 1993, con un comentario (no siempre juicioso).

Aparte la de Pastura, las biografías modernas principales (que se comentan en el cuerpo de este libro) son: H. Weinstock, *Vincenzo Bellini. His Life and his Operas*, Nueva York y Londres, 1971–1972; M. R. Adamo, "Vincenzo Bellini. Biografia", en Adamo y Lippmann, *Vincenzo Bellini*, Turín, 1981; y G. Tintori, *Bellini*, Milán, 1983. Un estudio importante de todo lo que se sabe de los años juveniles de Bellini se encuentra en S. Failla, *Bellini Vincenzo in Catania*, Catania, 1985.

El estudio crítico de la música más importante es el de F. Lippmann, "Bellini e l'opera seria del suo tempo", en Adamo y Lippmann, *Vincenzo Bellini* (versión revisada de un estudio primeramente publicado en alemán en *Analecta Musicologica*, 6, 1969); hay un estudio profundamente bien informado sobre la práctica de la ópera italiana en tiempos de Bellini en la obra de J. Budden, *The Operas of Verdi*, Londres, 1973–1981, y uno más superficial en E. J. Dent, *The Rise of Romantic Opera*, ed. W. Dean, Cambridge, 1976. El volumen de L. Orrey en la serie Master Musicians, Londres, 1969, todavía es útil.

Hay estudios notables sobre óperas sueltas, como F. Degrada, "Prolegomeni ad una lettura della *Sonnambula*", en *Il melodramma italiano dell'Ottocento*, y los dos estudios de P. Petrobelli sobre *I puritani* en su *Music in the Theater*, Princeton, 1994. D. Kimbell, en *Italian Opera*, Cambridge, 1991, trata con muy buen sentido acerca de la música de Bellini y *Norma* en particular. A. Einstein, "Vincenzo Bellini", *Music and Letters*, 16, 1935, págs. 325–332, resulta típicamente enjundioso. El 150 aniversario de Bellini, en 1985, produjo una cantidad de publicaciones muy irregulares, entre las cuales se destacan los *Atti del convegno internazionale di studi belliniani*, Catania, 1985.

Sobre el modo de tratar las palabras de Bellini y sus tratos con el libretista Romani, véase S. Maguire, *Vincenzo Bellini and the Aesthetics of Early Nineteenth-Century Opera*, Nueva York y Londres, 1989, que se complementa con la importante tesis doctoral de A. Roccatagliati en Bolonia, "Felice Romani librettista", 1993; hay que esperar que se publique pronto.

El trasfondo general del negocio de la ópera italiana y de su mundo musical lo trato yo en: *The Opera Industry in Italy from Cimarosa to Verdi. The Role of the Impresario*, Cambridge, 1984; *Music and Musicians in Nineteenth-Century Italy*, Londres, 1991; y *Singers of Italian Opera: the History of a Profession*, Cambridge, 1992.

Los mejores documentos sobre Bellini son sus óperas. No se intenta dar aquí una discografía completa, porque muchas grabaciones son de representaciones "en vivo", muchas de las cuales son difíciles de encontrar o tienen un sonido excesivamente pobre en calidad.

La mayor parte de las principales grabaciones de *Norma*, *Puritani* y *Sonnambula* actualmente en circulación tienen o bien a Maria Callas en el papel principal (con Tullio Serafin como director de las dos primeras y Antonino Votto en la última) o a Joan Sutherland (con Richard Bonynge como director). La elección no está clara: la Callas es incomparablemente musical y expresiva, la Sutherland tiene una belleza vocal sin parangón; Serafin tiene una comprensión profunda de la música —con los tiempos, la vitalidad y el uso del rubato siempre ponderado y correcto— y Votto no le va mucho a la zaga, pero Bonynge usa textos más completos y puestos al día, y la calidad sonora de sus grabaciones es más moderna. Los tenores de ambos grupos, con una o dos excepciones, están muy fuera de estilo, por hermosas que sean sus voces.

Un tenor de estilo adecuado, Alfredo Kraus, canta en unos *Puritani* dirigidos por Riccardo Muti que tienen una serie de virtudes, pero parece caprichoso en los tiempos. En cuanto a la grabación de una representación en vivo de *Beatrice di Tenda* dirigida por Vittorio Gui, con Leyla Gencer (Melodram), parece más adecuada que la grabación de estudio Sutherland-Bonynge, a pesar de que Gui omite excéntricamente la cabaletta final.

Las mejores grabaciones de las primeras óperas parecen ser las siguientes:

Adelson e Salvini (primera versión): dir. Failla (Bongiovanni).
Bianca e Fernando: dir. Licata (Nuova Era).
Capuleti: o la versión Baker/Sills, dir. Patanè, o la de Baltsa/Gruberová, dir. Muti.
Il pirata: Caballé/Labó/Cappuccilli, dir. Capuana (Memories) preferible a la grabación de estudio Caballé/Martí.
La straniera: Scotto, dir. Sonzogno (Melodram).
Zaira: Ricciarelli, dir. Olmi (Nuova Era).

En lengua española pueden encontrarse todavía dos libretos de ópera publicadas con comentarios musicales y traducción del texto italiano: *Norma,* con un estudio de Gonzalo Badenes, Daimon, Barcelona-México, 1984, y *La sonnambula,* con un estudio de Roger Alier, Daimon, Barcelona-México, 1986.

ÍNDICE

P ARA evitar duplicaciones, el índice no incluye la entrada de Vincenzo Bellini, sino únicamente las de sus relaciones y los aspectos de su vida y su carrera que se dan en entradas individuales, por temas situados por el orden alfabético correspondiente detrás de su nombre. Cada una de sus óperas tiene una entrada por su título; las obras de los demás figuran bajo el nombre de sus compositores o autores.

Adamo, Maria Rosaria, 35n
Adelson e Salvini, 24, 44, 54–55, 55n, 179
Alfieri, Vittorio, 35n
Amore, Antonino, 21n
Andreana, familia, 45
Arlincourt, vizconde d', 72
Artaria, Ferdinando, 91, 91n
Aymé, Auguste, 164, 167–169, 168n, 172, 175

Balzac, Honoré de, 37, 70
Barbaja, Domenico, 51, 52, 54, 78, 90, 91, 92
Barbiera, Raffaello, 129n
Barbò, Giacomo, conde, 92
Beatrice di Tenda, 25, 78, 89, 122–128, 149
  grabaciones, 178
Beethoven, Ludwig van
  Fidelio, 55
  Sinfonía pastoral, 148
Belgiojoso, Cristina, princesa, 69, 140

Bellini, familia, 27, 32–34, 37–38, 87, 149, 160
Bellini, Rosario, 32, 33
Bellini, Vincenzo Tobia, 29, 32, 37
Bérgamo, 96, 107, 114, 121, 121n, 122
Berlioz, Hector, 13, 34, 74, 103, 154, 156
Bianca e Fernando, 24, 44, 54, 55–56, 60, 61, 79, 80, 91
  grabación, 179
Biscari, príncipe, 32
Bishop, Henry, 138
Bolonia, 51, 52
Branca (Romani), Emilia, 57, 57n, 115n
Buerk, Michael, 115
Byron, Lord, 61, 74

Calabria, 47
Callas, Maria, 11, 75, 96, 101, 178
Cambi, Luisa, 22n, 23, 177
Cantù, familia, 67, 68, 71, 118
Capuleti e i Montecchi, I, 54, 78, 82–86, 124, 139, 140
  grabaciones, 11, 179

Carafa, Michele, 43, 164, 168, 175
Carbonari, 45
Casalbuttano, 68, 71
Cassaro, príncipe, 35
Catania, 29–32, 33–34, 35–37
    beca de la municipalidad de, 35–36
    estancia de Bellini en, 14, 36, 37,
        68, 119
    Museo Belliniano, 35–36
Chateaubriand, François-René de
    Les Martyrs, 105
Chopin, Frédéric, 12
Como, Lago de, 66, 68, 86, 95, 104
Conti, Carlo, 23, 91
Cottrau, Guillaume, 19, 44, 45, 91
Crescentini, Girolamo, 41
Crivelli, Giuseppe, 52, 86, 95n, 120n

David, Giovanni, 55
Degrada, Francesco, 99, 100n
Devonshire, William Cavendish,
    VI duque de, 13, 137
Donizetti, Gaetano, 36, 43, 53, 62, 86,
    135
    Ajo nell'imbarazzo (Don
        Gregorio), 24
    Anna Bolena, 80, 98, 138
    Lucia di Lammermoor, 26
    Lucrezia Borgia, 60
    Marino Faliero, 25, 148
    Parisina, 25
    Otto mesi in due ore, 24
    y Bellini, 23, 24, 25, 26, 42, 60, 79,
        80, 121n, 146, 148
    y Romani, 60
    Zingara, La, 23
Donzelli, Domenico, 104
Dumas, Alejandro, padre, 122, 170

Einstein, Alfred, 111, 153
Escudier, Léon, 13
Eurípides
    Medea, 105
Failla, Salvatore Enrico, 34, 112
Ferlito, Agata, 32

Ferlito, Vincenzo, 33
Festa, Giuseppe, 45
Flahault, Margaret Mercer
    Elphinstone, baronesa de Keith,
        condesa de, 14
Florencia, 38, 118
Florimo, Francesco, 38, 45, 78–80, 92,
    103, 167
    relación con Bellini, 13, 27, 47–49,
        80, 88
    tratamiento de las cartas de Bellini
        y reputación, 13, 16–27, 39, 40,
        46, 57, 66, 68, 96, 105, 118,
        158–159n
    y Giuditta Turina, 118, 132
    y Rossini, 41–42, 147, 148n
Fodor, Joséphine, 43
Fumaroli, Maddalena, 17–19, 20, 21,
    45, 46
Furno, Giovanni, 40

Generali, Pietro, 43
Génova, 24, 55, 66, 70
Ghezzi, Teodoro, 23
Giarrizzo, Giuseppe, 32
Gilardoni, Domenico, 55
Gluck, Christoph Willibald, 39, 112n
Granville, Harriet (Cavendish)
    Leveson Gower, condesa, 137, 140
Greville, Henry, 137
Grisi, Giuditta, 82
Grisi, Giulia, 120, 146, 155

Halévy, Fromental, La juive, 144
Haydn, Franz Josef, 32, 42
Heine, Heinrich, 13, 69, 143, 162,
    174n, 175
Hérold, Ferdinand, 135
Hiller, Ferdinand, 141, 148, 175
Hugo, Victor, 35
    Hernani, 96, 98, 105
Hunloke, Charlotte, 160

Ibsen, Henrik
    Rosmersholm, 110
Italia, 30, 31, 38, 52, 116, 150

Jaubert, Mme. C., 140, 162
Joseph, Kitty, 172

Kimbell, David, 108, 111, 113

Lablache, Luigi, 146, 155
Lamperi, Alessandro, 66, 150
Lanari, Alessandro, 95, 120, 121, 123
Laporte, Pierre-Francesco, 137
Levy, Abraham, 171
Levy, Michael Abraham, 171
Levy, Mme., *véase* Olivier
Levy, S., 140, 142, 143, 164, 167,
    169–172, 175
Lewis, Marianna, 170
Lippmann, Friedrich, 61, 72, 111, 126,
    156
Liszt, Franz, 34
Londres, 22, 35, 53, 117, 118
    Bellini en, 136–138
    Royal Opera House, Covent
        Garden, 152
Luis Napoleón, *véase* Napoleón III
Luis Felipe, rey, 140, 153, 168

Malibran, Maria, 22, 23, 85, 138, 152,
    156
María Amelia, reina, 153, 168
Maria Luisa, ex emperatriz, duquesa
    de Parma, 81
Martini, Virginia, condesa, 131
Marvell, Andrew, 11–12
Maturin, Charles, 61
Mayr, Johann Simon, 43, 55, 121n
    Medea in Corinto, 43, 98
Mazzini, Giuseppe, 115
Mendelssohn, Felix, 148
Mercadante, Saverio, 43, 79
Merelli, Bartolomeo, 95n, 120n
Méric-Lalande, Henriette, 55, 57, 72
Messina, 30, 36
Metastasio, Pietro, 59, 60
Meyerbeer, Giacomo, 61, 87
    Huguenots, Les, 144
    Robert le Diable, 139

Milán, 28, 36, 70, 71, 87, 88, 96
    como capital musical, 51, 52
    estancia de Bellini en, 128, 138
    Teatro alla Scala, 24, 51, 52, 53, 56,
        61, 79, 86, 89, 120n, 170
    Teatro Carcano, 24, 120n
Montallegri, Dr. Luigi, 162, 163, 164
Morgan, Sydney Owenson, Lady, 93,
    151
Moses, Levy & Co., 171
Mozart, Wolfgang Amadeus, 14, 29,
    42, 80

Nápoles, 14, 26, 30, 33, 34, 38, 44, 79,
    90, 169
    conservatorios, 32, 36, 38–45, 119
    retorno de Bellini a, 118, 119
    revolución (1820), 45
    Teatro San Carlo, 21, 24, 39, 42, 43,
        44, 112, 120, 150
    vida musical, 38, 39, 51, 52, 53, 54,
        106, 107
Napoleón I, emperador, 30, 52, 93
Napoleón III, emperador, 169
Negri, Rachele (madre de Giuditta
    Pasta), 87
Noja, duque y duquesa de, 18, 44
Norma, 33, 78, 89, 103, 121, 126, 127
    composición de, 61, 95, 104, 120
    fracaso inicial y éxito, 23, 25, 26,
        106, 107, 117, 121, 124
    grabaciones, 178
    influencias sobre, 43
    valoración, 28, 104–116, 153, 154,
        156

Olivier, Mlle. ("Mme. Levy"), 164, 165,
    170
    identificación, 143, 173–175

Pacini, editor de música, 18, 19
Pacini, Giovanni, 43, 60, 79, 82, 106,
    146
Paisiello, Giovanni, 41, 42, 54, 147
    Nina, 42, 96, 126, 150

Palermo, 30, 38, 47, 119, 156

Palmerston, Henry Temple, vizconde de, 23

París, 36, 53, 117, 118
Bellini en, 13, 14, 28
como capital cultural, 135–137
criterio musical, 144, 145, 148
Opéra, 77, 135, 138, 139, 140, 143–146, 148, 149, 168, 173–175
Opéra-Comique, 135, 139, 144–145
Théâtre-Italien, 91, 92, 135, 139, 145, 146, 152n, 158, 168

Parma, 62, 78, 81, 82

Pasta, Clelia, 66, 67, 87, 104, 158, 159, 160

Pasta, Giuditta, 86, 93, 98, 133, 138, 140, 169
características como cantante, 96, 97, 101
vida familiar, 64–68
y *Beatrice di Tenda*, 120–128
y los planes de boda de Bellini, 87, 158–160
y *Norma*, 106–107

Pasta, Giuseppe, 66

Pastura, Francesco, 20, 120, 168, 177

Pepoli, Carlo, conde, 150–152

Pergolesi, Giovanni Battista, 14, 26

Pietrobelli, Pierluigi, 150

Pirata, Il, 11, 55, 56, 58, 61, 62, 63, 64, 66, 72, 74, 77, 78, 82, 84, 92, 139, 140, 146, 179

Pizzetti, Ildebrando, 103

Pollini, Francesco y Marianna, 66, 84

Ponselle, Rosa, 11

Ponzani, Pietro, 169

Porter, Andrew, 44

Pougin, Arthur, 25, 147

Puccini, Giacomo, 126

Pugni, Cesare, 158

Puritani, I, 13, 25, 78, 139, 140, 145, 146
composición, 142, 150, 151, 152, 153, 156, 157, 158
grabaciones, 178

valoración, 148–158, 165
y el cambio de gusto, 11, 148, 149
y la *Nina* de Paisiello, 42

Puteaux, 13, 142, 153, 164

Reina, Domenico, 72, 114

Ricordi, Giovanni, 89, 90, 91

Robert, Édouard, 91n

Roccatagliati, Alessandro, 57, 61

Romani, Felice,
carrera, 57, 59–61, 129–130
colaboración con Bellini, 25, 54, 57–62, 72–74, 81–82, 98, 104–105, 121–125, 158–159
Cristina di Svezia, 122, 128
pelea y reconciliación, 22, 123–124, 127–131
y Donizetti, 60, 123
y Mercadante, 130

Roma, 118

Rossini, Giacomo, 39, 43, 52, 58, 135, 137, 139, 145, 146, 169, 170
Guillaume Tell, 95, 111, 146, 148
influencia, 41–42, 54, 55, 56, 62, 74, 77
Maometto II, 43
Mosè in Egitto, 43
Otello, 83
relaciones con Bellini, 26, 77, 117, 145–148
Semiramide, 42, 60, 77, 83, 98, 111
Tancredi, 96

Rubini, Adelaide (Comelli/Chaumel), 78, 92

Rubini, Giovanni Battista, 55, 63, 72, 92, 93, 97, 146, 157

Sammartino, duque y duquesa, 35

Samoyloff, Giulia, condesa, 106

Santocanale, Filippo, 119

Schopenhauer, Arthur, 107, 110

Sellieyre, barón, 140, 160

Severini, Carlo, 91

Shakespeare, William, 35, 82

Shaw, George Bernard, 12, 149

Shelley, Percy Bysshe
  Los Cenci, 125
Sicilia, 29, 30, 31, 33, 36
  regreso de Bellini a, 117–119
Sonnambula, La, 78, 89, 90, 95, 98,
  117, 122, 150, 156
    composición, 96, 98, 99
    en Londres, 22, 23, 138
    valoración, 11, 12, 28, 98–104
    y la *Nina* de Paisiello, 42, 96, 149
Soumet, Alexandre, 105
Spontini, Gaspare, 39
  La Vestale, 43, 112
Stendhal, 66, 93
Straniera, La, 57, 77–78, 81, 82, 83,
  84, 108, 117, 121, 123
    grabaciones, 11, 179
    valoración, 72–75
Stuart, Lady Dudley, 66
Sutherland, Dame Joan, 101, 178
Swift, Mary Louise, 14

Tamburini, Antonio, 57, 72, 75, 76, 146
Temple, Sir William, 23
Thiers, Adolphe, 140, 153
Tommaseo, Niccolò, 172n
Tosi, Adelaide, 55
Tottola, Andrea Leone, 55
Tritto, Giacomo, 40
Turín, 66, 72
Turina, familia, 67, 68, 70, 71, 96, 118,
  131, 132
Turina, Ferdinando, 68, 71, 131
Turina, Giulietta (Cantù), 16, 17, 20,
  21, 138, 139, 160, 172, 173
    distanciamiento de Bellini, 130–134,
    138, 139

relación con Bellini, 48, 49, 67–72,
  87, 96, 104, 128, 143
viaja a Nápoles con Bellini,
  118–119

Vaccai, Nicola, 82, 83, 91
Venecia, 121, 124
  Teatro La Fenice, 82, 120, 121
Verdi, Giuseppe, 27, 35, 59, 62, 75,
  90, 93, 101, 107, 135, 152
    Falstaff, 114
    Traviata, La, 113
    Trovatore, Il, 74, 102, 126
Verdi, Giuseppina (Strepponi), 27, 28,
  144
Vernet, Horace, hija de, 160
Véron, Louis, 139, 144, 173
Victoria, reina, 149
Villa, Giovanni Battista y hermanos,
  51, 52
Visconti di Modrone, Carlo, duque,
  66, 89, 106
Voltaire, 81, 83

Wagner, Richard, 62, 63, 75, 103, 104,
  107, 156
    Tristán e Isolda, 111
Weber, Carl Maria von, 25, 137
Weinstock, Herbert, 27, 47, 101

Zaira, 77, 81–84, 117, 124, 126, 179
  grabación, 11
Zingarelli, Niccolò, 18, 40, 41, 42,
  114, 119
    Giulietta e Romeo, 82

TÍTULOS DE LA COLECCIÓN

MALCOLM BOYD Y JUAN JOSÉ CARRERAS
La música en España en el siglo XVIII

La musicología tradicional ha tendido a ver el siglo XVIII español como una etapa de decadencia, pero este volumen lo muestra como un periodo rico por todo lo que de interesante ofrece y por los logros conseguidos.
Este estudio, que recoge los trabajos presentados, en su mayoría, en el congreso celebrado en el Centre for Eighteenth-Century Musical Studies de la Universidad de Gales en 1993, abarca los géneros de música orquestal, instrumental y música vocal (tanto sagrada como secular) y presenta los resultados de la incipiente y última investigación sobre temas como ópera, instrumentos musicales, cantata secular y villancico, y la influencia de la música italiana y australiana del periodo (o se supone así) en los compositores y teóricos. Los dos capítulos finales resaltan la presencia de las fuentes musicales españolas en el Nuevo Mundo.

ISBN: 84-8323-095-X

JOHN ROSSELLI
Vida de Mozart

Mozart no sólo fue un extraordinario genio de la música sino también un hombre que vivió el gran cambio que tuvo lugar al pasar de la sociedad antigua a la sociedad moderna en la que nosotros vivimos, fue entonces cuando la gente pasó de aceptar los esquemas cristianos a ser ellos mismos, de dejarse gobernar por padres y superiores a rebelarse contra ellos. Él fue uno de los «nuevos hombres» de su tiempo; su música pone voz a las ansiedades y consuelos que todavía hoy tenemos. Este libro enmarca la vida de Mozart en la historia de una época que se precipitaba a la revolución y a la guerra europea. Además, investiga las relaciones cruciales de Mozart con su padre y su esposa, pero huye de conjeturas; y estudia —con profundidad aunque en un lenguaje no técnico— ejemplos característicos de su música y cuestiona lo que nos puede aportar sobre su autor y sobre nosotros mismos.

ISBN: 84-8323-085-2